图 1-22 黄色区域为自动生成的压料面

图 1-23 基于 CAD 零件的边界生成工艺补充面（红色区域）

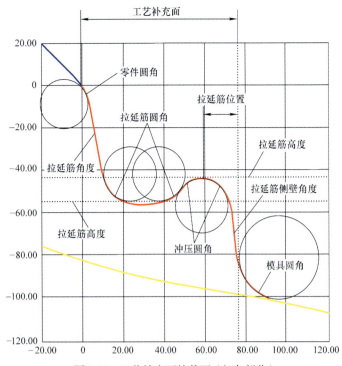

图 1-24 工艺补充面的截面（红色部分）

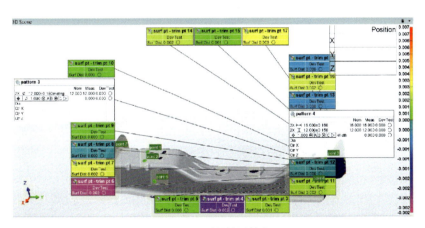

图 1-79 测量结果输出

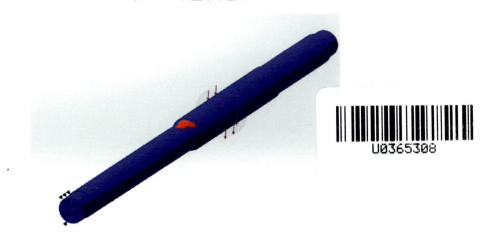

图 1-138 Solidworks 疲劳分析图谱（红色区域为疲劳应力失效点）

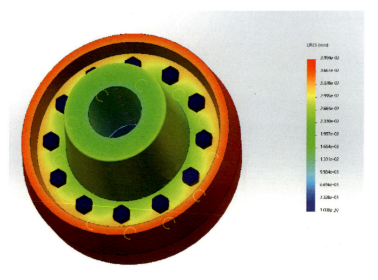

图 2-37 位移检查

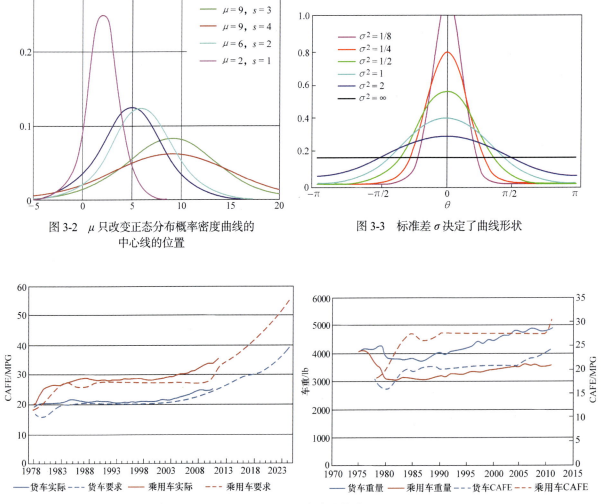

图 3-2 μ 只改变正态分布概率密度曲线的中心线的位置

图 3-3 标准差 σ 决定了曲线形状

图 4-1 CAFE 与车重关系

汽车先进技术论坛丛书

汽车零件全流程设计及案例分析

王廷强 编著

机械工业出版社

本书对汽车零件从基础到高级的关键设计技术做了总结，共4章，包含产品的结构设计、公差设计、检具工装设计和轻量化设计。为了增加实际应用效果，每章都给出实际案例。本书中的案例主要针对汽车零件，但对消费电子和其他制造行业也具有相同的参考意义。

本书涵盖了所有在汽车零部件设计时使用的主要流程和工具，可使读者系统地掌握设计知识。

本书针对的读者包括大学院校的工业设计专业学生、设计工程管理者和工程师、生产工艺管理者和工程师、成本分析管理人员、质量管理人员、三坐标测量检测人员、半导体设备制造设计者以及模具检具工装夹具设计者，也可供其他行业的设计者参考使用。

图书在版编目（CIP）数据

汽车零件全流程设计及案例分析/王廷强编著. —北京：机械工业出版社，2020.7

（汽车先进技术论坛丛书）

ISBN 978-7-111-65779-8

Ⅰ.①汽⋯　Ⅱ.①王⋯　Ⅲ.①汽车－零部件－设计　Ⅳ.①U463.02

中国版本图书馆 CIP 数据核字（2020）第 094118 号

机械工业出版社（北京市百万庄大街22号　邮政编码100037）
策划编辑：孙　鹏　　责任编辑：孙　鹏　谢　元
责任校对：王　欣　　封面设计：陈　沛
责任印制：常天培
北京虎彩文化传播有限公司印刷
2020年9月第1版第1次印刷
184mm×260mm・10.75 印张・1 插页・264 千字
标准书号：ISBN 978-7-111-65779-8
定价：70.00元

电话服务　　　　　　　　　网络服务
客服电话：010 - 88361066　　机　工　官　网：www.cmpbook.com
　　　　　010 - 88379833　　机　工　官　博：weibo.com/cmp1952
　　　　　010 - 68326294　　金　书　网：www.golden - book.com
封底无防伪标均为盗版　　　机工教育服务网：www.cmpedu.com

前　　言

　　我国的工业将向复杂化、精密化的高附加值方面转变。相关产业，如工业机器人、人工智能设备、国防工业、轮船、汽车、飞机发动机、芯片制造设备等，对产业设计能力提出了更高要求。我国的工业要达到发达国家水平，需要跨过复制加工阶段，进入原创设计阶段。工业发达国家德国、日本和韩国都经历过这样的发展阶段，国家在战略上推动，从代加工的制造型工业向创造型的工业进行政策扶持，从而达到工业繁荣。这个关键时期对于工业研发人员是很大的机遇，但要实现这个目标，目前需要提高设计人员的设计能力，学习应用国际上最新的研发工具和研发理念。因为工业发展推动从制造型到创造型的革命性转变，设计者的作用和重要性将会提高，预计对于高端设计人员的需求会增多。基于这些原因和目的，笔者以多年的国际合作研发经验，在本书中介绍推广国际上先进的设计工具。

　　本书对从基础到高级的关键设计技术做了总结，共4章，包含产品的结构设计、公差设计、检具工装设计和轻量化设计。为了增加实际应用效果，每章都给出实际案例。关于结构设计和CAE分析的工具，推荐使用CATIA，因为对于设计者来说在结构设计后直接获得产品的物理性能结果能够提高设计效率，避免后期更改导致研发进度推迟，并且可以控制产品整个寿命周期的成本。因为三维设计软件的操作思路极为相似，对于使用UG或Pro/E工具的设计者也可以参考本书案例。对于统计相关的分析会使用到Minitab和Excel，让设计者集中在结果分析上，书中仅介绍必要的理论，以便在优化设计中有目的地改变设计参数。本书给出研发设计的整体思路，从结构原理设计到产品性能设计、工艺设计、检测方法、质量控制、供应商的制造管理、模具检具工装设计、验证方法、批量生产，整体上提出解决方案。本书对于初学者可提供系统的设计指导手册，对于有经验的设计工程师的工作可做出指导和参考。本书中的案例主要针对汽车零件，但对消费电子和其他制造行业也具有相同的参考意义。

　　本书涵盖了所有在汽车零件设计时用到的主要流程和工具，可使读者系统地掌握设计知识。

王廷强

目 录

前言
第一章 结构设计 1
  第一节 车身冲压件开发 1
    一、冲压零件的典型断面结构设计 2
    二、冲压件的可行性分析 11
    三、冲压件的模具设计 12
    四、冲压件与白车身总成的质量管理与统计学分析 15
    五、国际上白车身质量控制理论 17
    六、基准参考点 RPS/PLP 管理 21
    七、汽车车身冲压件的间隙、面差设计 DTS 22
    八、冲压零件设计案例 24
    九、座椅横梁的 MBD 标注 30
    十、座椅横梁的测量 33
    十一、冲压件的焊接设计、检测和工装设计 38
  第二节 机加工零件设计 53
    一、轴类零件的设计 53
    二、轴的材料选择 54
    三、轴的布置 54
    四、疲劳设计理论 56
    五、工装夹具设计 82
  第三节 塑料件设计 101
    一、塑料件的材料及工艺设备 101
    二、内外饰塑料件的典型结构 104
    三、汽车内饰设计 109
  第四节 电子产品的公差设计 111
    一、新能源汽车直流充电接口 111
    二、几何公差应用在 NVIDIA 公司开发的 TESLA M6 主板上的测量技术分析 117
第二章 连接设计与高强度螺栓 VDI2230 123
  第一节 螺栓的静态失效问题 124
  第二节 螺纹的精度 124
  第三节 螺纹的强度 125
    一、螺纹强度基础 125
    二、螺纹的载荷分析 126
    三、影响螺纹静态强度的参数 127

目录

四、螺纹的质量控制	129
五、螺栓的刚度和应变	129
六、螺栓、螺母、垫片的综合刚度	132
七、连接件的刚度计算	133
八、螺栓连接原理图	136

第三章 公差叠加分析 …… 145

第四章 汽车轻量化设计 …… 149

- 一、第一阶段减重设计方案 …… 151
- 二、第二阶段减重设计方案 …… 151
- 三、第三阶段减重设计方案 …… 152
- 四、第四阶段减重设计方案 …… 153
- 五、第五阶段减重设计方案 …… 154
- 六、第六阶段减重设计方案 …… 155
- 七、第七阶段减重设计方案 …… 156
- 八、第八阶段减重设计方案 …… 157
- 九、第九阶段减重设计方案 …… 160
- 十、第十阶段减重设计方案 …… 160

参考文献 …… 164

第一章 结构设计

汽车行业通常按零件功能不同对零件分组管理,例如可分类为电子、动力、底盘、车身、外饰件和内饰件六个分组,同时这种分组方式也代表不同的专业知识领域。因为现代汽车技术的智能化发展和世界各国的排放法规日益严苛,以传统燃油为动力来源的汽车的市场发展必将萎缩。法国预计2040年正式停售燃油车,中国预计2050年全面停售燃油车,这些预计是基于新能源汽车保有量将达到总量60%的时间点估计的。我国2019年新能源汽车保有量占全国总量的1.37%,但是比2018年同期增长73%,按照增长速度和3.4亿辆保有量估算,电动汽车8年后就可以达到停售时间表的条件,也就是说传统的燃油动力总成技术只剩下10年左右的生命周期。

作为国民经济支柱的汽车行业发展趋势是电子化和智能化,在专业知识方面,网络、电子结构产品、车身和内外饰市场需求将会增加。产品分类存在很大的不确定性,为了适应这种汽车专业的变化趋势,本书以材料分类来展开先进的汽车零件的开发,包括以车身为代表的冲压件的开发、以内外饰件为代表的塑料件的开发、机械加工件的开发和电子产品的开发。结构件的开发主要为了解决装配问题,这也是结构设计重视公差设计和间隙设计的原因。

第一节 车身冲压件开发

如图1-1所示,汽车车身主要由冲压零件构成,冲压零件本身的柔性有良好的容差特点,另外模具生产模式提高了零件的生产效率,综合了钢材的刚性和强度(在受力方向上),这决定了冲压零件将是箱体式结构产品的最佳选择。由于轻量化技术的发展,新能源汽车车身有采用复合材料的趋势,同时结合承载式车身、底盘铝型材应用的趋势。但冲压用车身钢材技术同时也在提高,例如将不同强度钢材拼接的激光拼焊技术、易于加工又不失强度性能且具不同阶段强度特性的双相钢、提高安全性又能够减轻重量的超高强度钢等。同时,采取铝板冲压的车身设计也越来越多,预计在汽车车身技术的下一代车型中,主流还是冲压工艺。无论是复合材料车身,还是冲压件车身,与装配技术密切相关的尺寸管理原理还是相同的。

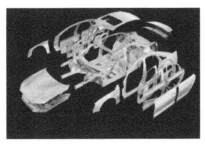
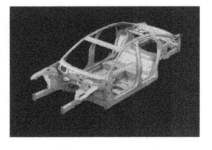

图1-1 冲压车身的爆炸图和总成图

一、冲压零件的典型断面结构设计

车身刚度决定了整车性能，保证车身刚度的是车身骨架即车架的设计，车架能够保证刚度是因为车架纵横梁断面的惯性矩，惯性矩与断面形状密切相关。

车身断面结构设计分三个步骤：

1) 如图 1-2 所示，主车身 CAD 数模（简化结构）创建，不需考虑焊点。

2) 将车身的驾驶室部分简化为梁和柱元素，计算这些由梁和柱简化元素的三个惯性矩。然后面积矩输入有限元模型，每个断面的形心按照实际的车身结构定义。

3) 使用这个概念模型计算车身的抗扭刚度和抗弯刚度，再将在准静态下条件下的计算数据与设计目标进行比较。

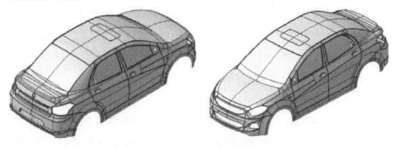

图 1-2　车身断面结构分析

创建概念阶段的简化分析数模，要注意能够代表简化前数模的结果且易于修改，以便后续进行优化。

简化分析模型的惯性矩的作用是抵消车身载荷，例如发动机和变速器在车身纵向或横向的重力。这种简化的车身结构计算单元如图 1-3 所示，模型计算单元的特点是边长 a、b 远大于厚度 t。这种壳单元的面 X–Y 和 Y–Z 惯性矩的公式为

$$I_x = \frac{at^3}{12}$$

$$I_y = \frac{tb^3}{12}$$

$$I_z = \frac{bt^3}{12}$$

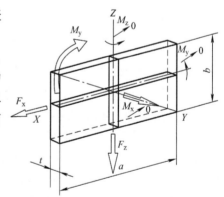

图 1-3　简化分析模型的计算单元

惯性矩公式特点是同样的材料截面积有不同的抗弯性能。t 远小于 a、b，所以三个惯性矩中 I_x 和 I_z 远小于 I_y，也就是在 Y 轴方向上有最好的抵抗弯矩的性能。因此，在截面设计时应该考虑将最大的载荷布置在 Y 轴方向上，考虑载荷在 X 和 Z 轴上的分力能够满足要求。

图 1-4 所示是白车身简化计算模型，包含 A 柱、B 柱、铰链柱、门槛梁、车顶梁和 C 柱。这些元素在概念阶段简化为梁单元计算。对于连接点，使用扭转弹簧单元模拟连接。

表 1-1 列出了中型乘用车的连接计算参数，各梁单元的横截面结构如图 1-5 所示，惯性矩计算参数见表 1-2。惯性矩可以在 CATIA、UG 和 SolidWorks 等三维软件工具中自动算出，但是读者需要了解计算公式，以便有目的地改进几何参数并快速地完成设计。

第一章 结构设计

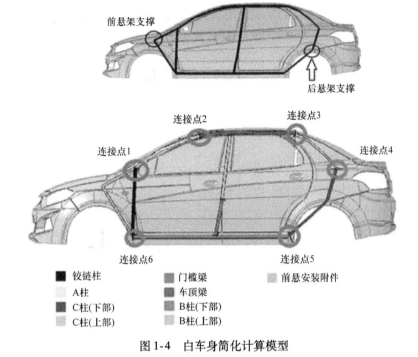

图 1-4 白车身简化计算模型

表 1-1 中型乘用车的连接计算参数

连接点	连接点描述	扭转刚度/(N·mm/rad)
连接点 1	B 柱到顶盖梁	10
连接点 2	A 柱到顶盖梁	10
连接点 3	A 柱到铰链柱	5000

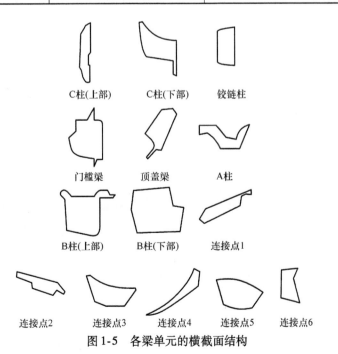

图 1-5 各梁单元的横截面结构

表 1-2　惯性矩计算参数

梁单元	XY 面的惯性矩/mm⁴			A/mm²
	I_{xx}	I_{yy}	I_{xy}	
顶盖梁	3.31E+04	3.31E+04	-3.82E-08	2.42E+02
门槛梁	1.18E+06	3.02E+06	-5.81E-08	6.23E+02
A柱	9.98E+04	5.74E+05	4.34E-08	3.28E+02
铰链柱（上部）	8.12E+05	1.28E+06	7.77E-08	4.98E+02
铰链柱（下部）	1.15E+06	2.45E+06	4.67E-08	5.65E+02
C柱（上部）	5.96E+05	9.34E+06	-5.29E-11	7.84E+02
C柱（下部）	7.91E+05	3.16E+06	2.12E-10	6.11E+02
B柱（上部）	1.26E+05	9.20E+05	2.13E-08	3.83E+02
B柱（下部）	7.15E+05	9.29E+06	-3.91E-07	7.81E+02
连接点1	1.77E+04	3.05E+05	3.96E-08	2.52E+02
连接点2	4.59E+04	6.92E+05	2.30E-08	3.31E+02
连接点3	7.21E+05	2.34E+06	-3.20E-08	5.28E+02
连接点4	2.33E+04	7.45E+05	5.75E-08	3.35E+02
连接点5	4.86E+05	8.62E+05	-2.81E-09	3.90E+02
连接点6	2.52E+05	4.94E+05	-6.27E-08	3.24E+02

注：表中数据采用了科学计数法。

经过初始概念模型分析，可以进一步优化这个计算结果。

为了更加真实地反映车身实际刚性，可以对这个初始计算简化模型作出改进，加入后侧围结构完善模型分析，因为后侧围三维结构的梁简化计算会有很大的误差。另外一项改进是对于连接点。顶盖梁和门槛梁的两端分别连接后侧围板的上下端点，如图1-6所示。这一阶段的建模计算主要是为了分析后侧围面结构和车身后部三维空间模拟。

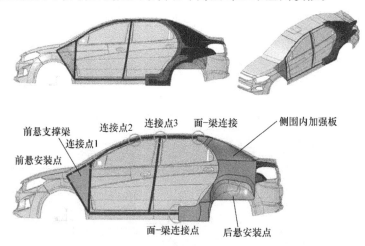

图 1-6　添加后侧围三维结构和面-梁连接点的第二阶段优化

第三阶段继续细化设计，增加地板上横梁，使用薄壁矩形截面作为简化梁单元计算。这一步骤的主要目的是对于侧围组件加强板布置设计和连接点的设计，如图1-7所示，模型的4个悬架安装点需要约束绕 XYZ 轴的旋转自由度。

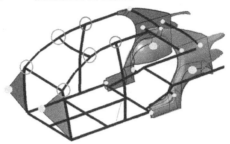

图1-7 连接模型的第三阶段优化

进入第四阶段，车身主要结构模型完成用简化梁表示。这一步骤主要是增加足够的车身横梁来加强车身刚性，同时注意增加横梁的连接点。A柱-铰链柱的连接需要约束，只能绕 XYZ 轴旋转。

第五阶段优化模型如图1-8所示。

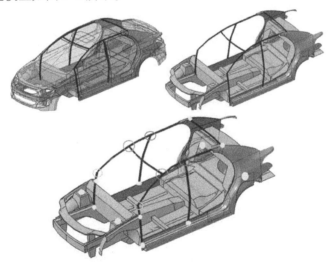

图1-8 第五阶段优化模型

模型分析工具可以选用 ABAQUS 等，适当设置网格尺寸，一般为20mm。网格单元使用二维非线性三角单元类型。车身材料选择钢材，剪切模量为79.3GPa，弹性模量为207GPa。

基于这个模型，现在可以计算抗弯刚度。抗弯刚度边界模拟条件如图1-9所示。建立的数模夹紧在前后悬安装点，前悬安装点简化为刚性面连接。其第一阶段建立的模型前后悬简化为一个节点，移动自由度为0。其他三个模型中，悬架25个节点设置为固定点。第一、二阶段创建的模型有一个B柱和门槛梁量具处的应力集中现象。第三、四阶段对于模型横向加载了载荷。

通过计算载荷下的位移 Δ，车身的刚度 k_b 可以通过下式计算：

$$k_b = \frac{F}{\Delta}$$

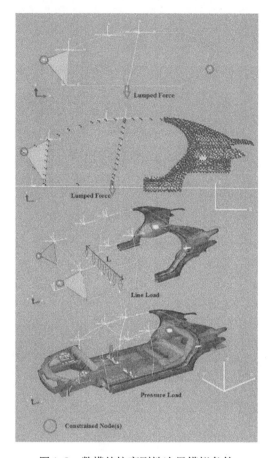

图1-9 数模的抗弯刚性边界模拟条件

F 为产生弯矩的垂直载荷，Δ 为沿着受力方向门槛梁的最大位移。对于第一、二阶段的模型，因为只计算车身单个侧面，需要换算成 $F/2$，而在第二、三阶段数模中，载荷时分布应力。分布式应力更精确地模拟车身受力状态。实际车身的连接点有一些是柔性的，采取全部刚度的连接点进行模拟是为了测验车身的极限情况。各阶段的刚度结果及误差见表1-3。

表1-3 各阶段的刚度结果及误差

项目	抗弯刚度/(N/mm)	误差百分比(%)
第一阶段模型	7142	51.7
第二阶段模型	12500	15.5
第三阶段模型	12614	14.7
第四阶段模型	12714	14
目标值	14800	—

弯矩作用下的变形模拟图如图1-10所示。

第一阶段模型的侧围计算公式为

$$G_t = \frac{F}{\delta}\frac{H}{L}$$

F 为作用在顶盖梁的剪切力，δ 为驾驶室沿 F 方向的位移，H 和 L 分别是相应轴距上的

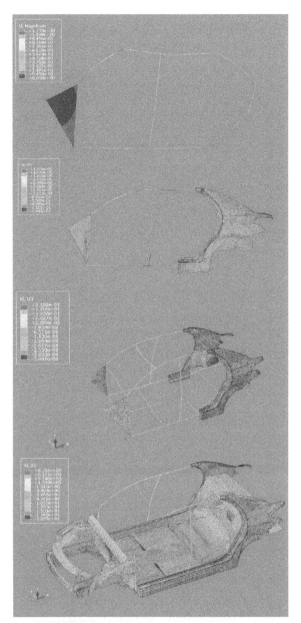

图 1-10 弯矩作用下的变形模拟图

高度和长度。图 1-11 所示是计算剪切模量的原理图。扭矩 T 取常用值 1000N·mm，H/L 取值 0.66。图 1-12 所示是模拟变形结果，剪切模量 $G_t = 547$N/mm。

弯矩作用下的变形模拟图如图 1-10 所示。

由剪切模量可以计算车身的抗扭刚度，公式为

$$k_t = \cfrac{1}{\left(\cfrac{q}{t}\right)^2 \sum\limits_{j=1}^{i} \left(\cfrac{\text{第}j\text{面的面积}}{G_t}\right)_{\text{第}i\text{面}}}$$

其中，参数 q 的计算公式为

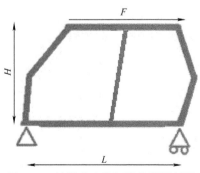

图 1-11 计算车身剪切模量的原理图

$$q = \frac{Q_i}{第 Q_i 面的边长}$$

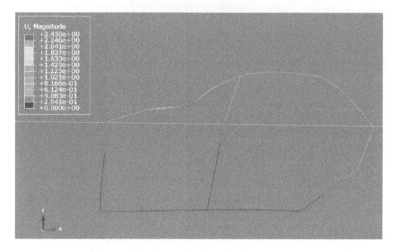

图 1-12 模拟变形结果

各个受力剪切面之间的受力情况如图 1-13 所示。

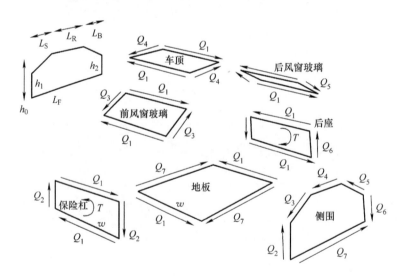

图 1-13 各个受力剪切面之间的受力情况

通过以上公式可以看出，抗扭刚度主要来自于侧围的刚度，在计算过程中甚至可以忽略其他剪切面产生的刚度影响，在这个计算中其他部分的剪切模量总和 $G_t = 79.3 \text{GPa}$。

抗扭刚度的边界分析条件模拟了车身台架试验的实际情况，只约束前后悬架安装点的 25 个节点自由度的平移，旋转自由度不加约束。在进行有限元分析时，为了模拟车身变形，在车身前面板施加了一个扭矩（相反方向的力）：

$$T = wF_C$$

$w = 1451 \text{mm}$，代表案例车身两个前悬架支点间的距离，$F_C = 1000 \text{N}$。抗扭刚度模拟分析如图 1-14 所示。

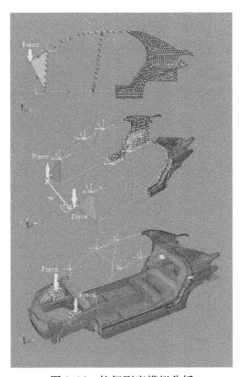

图 1-14 抗扭刚度模拟分析

抗扭刚度的计算结果及误差见表 1-4。

表 1-4 抗扭刚度的计算结果及误差

项目	抗扭刚度/(N·mm/rad)	误差百分比(%)
第一阶段模型	23762	42.28
第二阶段模型	19857	18.9
第三阶段模型	17745	6.25
第四阶段模型	17375	4.04
目标值	16700	—

在扭转载荷下的变形如图 1-15 所示。

针对这个条件的扭转刚度的计算公式如下：

$$k_t = \frac{T}{\arctan\dfrac{2\gamma}{w}}$$

γ 为前悬最大垂直位移。

汽车车身梁的断面结构有两种，一种是开口断面，另一种是闭合断面。如图 1-15 所示，这些断面结构由多个冲压件组成，使用点焊、粘接等工艺连接。因为开口断面的应力分布不对称，会导致大部分零件材料起不到很好的承载作用，所以不宜使用。

图 1-16 中比较了弯曲和扭转下的误差分析结果，两个结果比较接近。随着分析模型变得越来越细化，分析结果也越来越接近真实值。

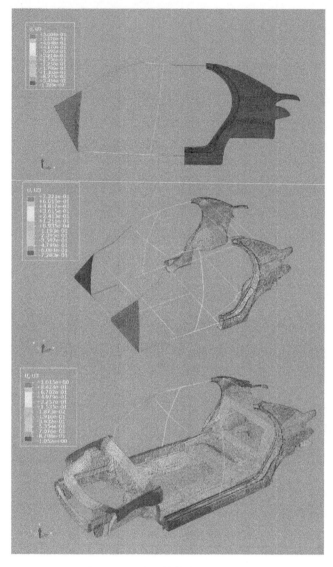

图 1-15　在扭转载荷下的变形

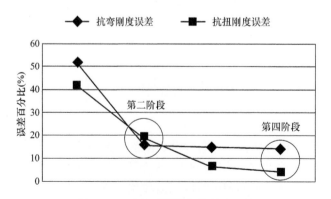

图 1-16　两种不同模式的误差比较

这个分析结果表明，设计工程师即使不考虑车身的横向尺寸和横截面的结构，仅仅通过侧围也可以较为精确地评估车身的弯曲刚度，当然考虑横梁会增加分析结果的精确度。在第四阶段的分析结果中，抗扭刚度误差为4%，而抗弯刚度为14%，这是因为模型中的梁-面连接点评估偏差导致了抗弯刚度失真。平衡分析结果，其实第二阶段的模拟结果精度已经足以达到设计工程师的要求。车身梁的断面示例如图1-17所示。

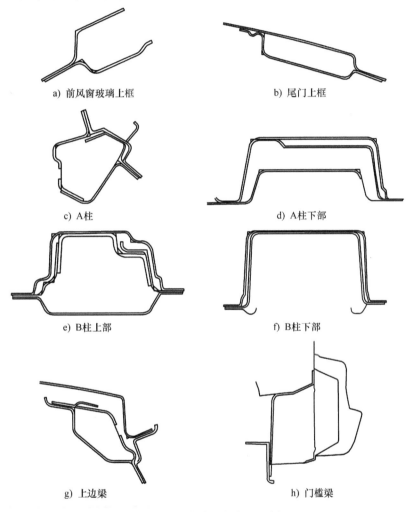

a) 前风窗玻璃上框　　　　　　b) 尾门上框

c) A柱　　　　　　d) A柱下部

e) B柱上部　　　　　　f) B柱下部

g) 上边梁　　　　　　h) 门槛梁

图1-17　车身梁的断面示例

二、冲压件的可行性分析

理想状态下，冲压生产流程应该稳定可靠，冲压设备能够连续生产在规格范围内的零件。但是几乎所有的生产冲压件的公司都经历过即使生产设备和模具没有发生改变也有不合格零件产生的情况。

这主要是由于以下因素所致：

1) 材料差异。不同批次的材料属性变差很大，即使是同一卷材料，其力学性能也有差异,甚至这些材料的厚度也存在显著的变差。

2) 工艺变差。冲压工艺的变差很大,例如每次的冲压力、定位和设备运行参数(气压、弹簧等)都有变差。增加或降低常用速度也会影响冲压变差。

3) 润滑条件不同。冲压过程中很难保证一致的润滑条件。由于磨损和温度影响,设备和模具的摩擦系数也会发生变化。

冲压零件设计需要先进行三维数学模型可行性分析。可行性分析的目的是获得一个无缺陷冲压质量模拟结果。通常这项分析工作由有限元分析工具完成,例如 Dynaform 和 AutoForm 等软件。如果模拟分析结果能够满足质量要求,就可以根据三维数据进行模具开发。这些模拟分析工具能够直观地展示三维数据的冲压成型中的开裂、减厚和褶皱等问题,设计者可以在交付三维数据进行模具开发之前规避产品的工艺设计缺陷,以减少设计修改循环次数,降低设计风险。

对于冲压可行性分析报告的解读能够提供设计师的设计经验,在后续的设计工作中能够合理地设计产品结构和选择合适的冲压材料参数,能够同冲压工艺工程师沟通获得更好的解决方案。

冲压模拟分析(图 1-18)中的材料参数非常重要:

规定塑性延伸强度 $R_{p0.2}$:对于无明显屈服点的钢材,通常以发生微量的塑性变形(0.2%)时的应力作为该钢材的屈服强度。

硬化指数 n:反映了金属材料抵抗均匀塑性变形的能力,是表征金属材料应变硬化行为的性能指标。

基于材料的规定塑性延伸强度 $R_{p0.2}$、硬化指数 n 和材料厚度 t 可以得到成形极限曲线。成形极限曲线是概念设计阶段选择合适材料和结构设计的重要参考,如图 1-19 和图 1-20 所示。

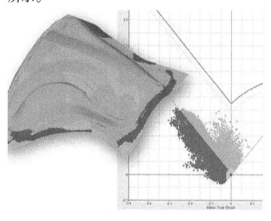

图 1-18 冲压模拟分析

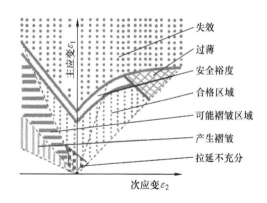

图 1-19 应变分布曲线的各个区域解释

三、冲压件的模具设计

对于冲压模具,尤其是拉深模的开发需要具有多年实践经验和 CAD 建模能力的专家,车身关键零件例如侧围内外板、门内外板、地板总成、纵梁、座椅横梁和中央通道等都是深拉深零件。这些复杂零件的模具设计总要经过几次修改,例如改圆角、调整拉延筋等,增加

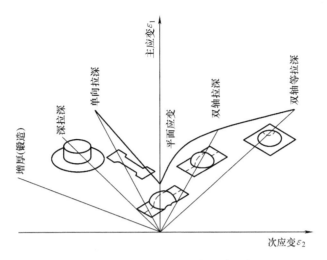

图 1-20 成形极限曲线对应的冲压产品

了设计风险。

　　Dynaform 和 AutoForm 等软件能够使模具设计者快速尝试模具的加工可行性,尽早剔除不合理的产品结构设计,将更多的精力用在合理的 CAD 建模工作上,减少重复修改的工作。关于模具的 CAD、CAE 辅助开发流程如图 1-21 ~ 图 1-29 所示。

图 1-21 后翼子板数模

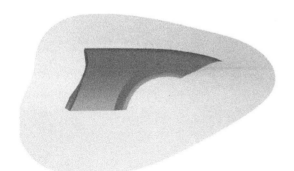

图 1-22 黄色区域为自动生成的压料面(见彩插)

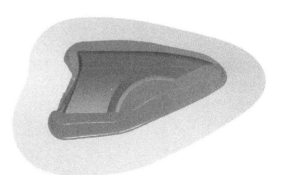

图 1-23 基于 CAD 零件的边界生成工艺补充面(红色区域见彩插)

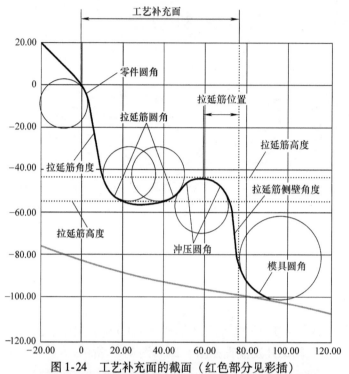

图 1-24 工艺补充面的截面（红色部分见彩插）

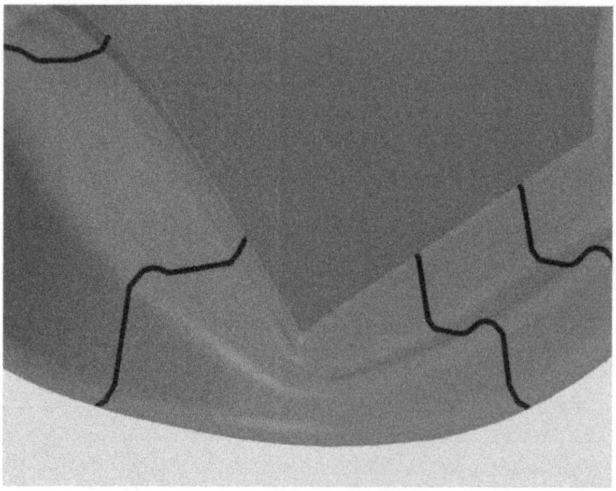

图 1-25 根据工艺补充面截面参数调整的轮廓（黑色部分）

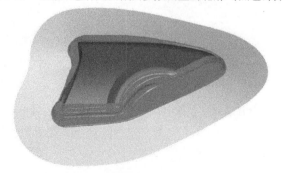

图 1-26 输出的模具型面结果

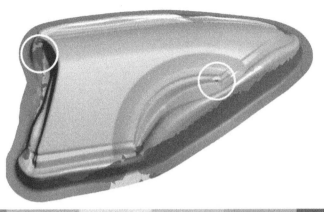

| 开裂 | 过薄 | 开裂风险 | 安全 | 不安全拉延 | 褶皱风险 | 褶皱 |

图 1-27　模拟分析结果：开裂区域、安全区域、褶皱区域分析

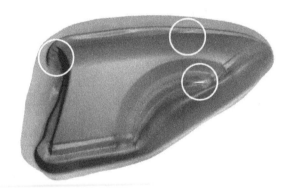

图 1-28　同步观察成形过程，颜色分布代表材料厚度的变化，可以观察到右上角的红色和黄色区域材料减薄区域（见彩插），左上角是材料褶皱区域。设计者可以根据这个模拟分析结果将褶皱和开裂区域平顺处理，更改拉延筋高度和圆角等。高级的分析工具甚至可以计算出影响外观的波纹、划移线和刮擦痕迹

图 1-29　经过优化后的模具表面，效果上两个开裂风险区域被消除，褶皱情况也减小

四、冲压件与白车身总成的质量管理与统计学分析

车身的测点设计是为了控制车身冲压件的质量而确认的车身上的重要测点，车身的测点如图 1-30 所示。这些测点信息在批量生产时进行持续跟踪管理，以确保车身尺寸的一致性。这些测点通常在车身概念设计阶段关键控制点定义下来，然后作为整车质量考核的依据。测点的选取应能够关联总成、分总成和零件，以便发挥测点在分析质量问题上的作用。

定义关键车身测点的目的是为了质量跟踪，因为数据管理和测量技术的发展，汽车企业可以通过专业的数据库管理这些测点的测量数据，同时通过先进的测量技术，汽车质量部门可以快速获得大量测点云数据，借助于大数据处理技术可以几乎无延迟地评价测点，这对于车身质量控制提供了根本性的解决方案，使车身质量在现代生产中越来越高，同时提高了整车性能。

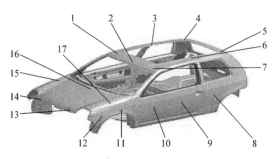

图 1-30　车身的测点

图 1-31 所示的视觉扫描设备具备柔性的精确定位的 RPS 定位点以适应不同系列的车身，光学扫描设备可以快速精确取点测量。这种测量方式避免了传统的整车检具（cubing）只适应一个车型、测量准备时间长和单次投入成本高等缺点。

图 1-31　适合在线检测或检测室检测的车身视觉扫描设备

在线检测设备如图 1-32 所示。

图 1-32　在线检测设备

如图 1-33 所示，扫描获取车身测量数据是控制车身质量的趋势。
车身的 RPS 点柔性定位装置如图 1-34 所示。

图 1-33 扫描获取车身测量数据

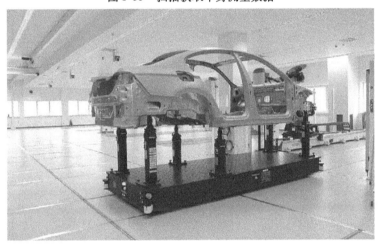

图 1-34 车身的 RPS 点柔性定位装置

五、国际上白车身质量控制理论

白车身质量在感官上直接影响消费者的购买意愿，也会影响内外饰件的装配质量，例如前照灯、尾灯、前后保险杠和进气格栅等。白车身的偏差会影响整车的刚性和动力系统性能，所以白车身的质量控制一直是汽车企业重点关注的部分。影响白车身质量的尺寸控制有以下特点：

1) 估计尺寸均值比较困难。
2) 零件缺乏刚性。
3) 零件尺寸的生产中值偏差（mean shift）不能够准确预测。
4) 零件测量系统对于非刚性件的测量可重复性差。
5) 冲压工艺过程能够导致变差的因素有很多。
6) 装配过程经常导致零件变形。

将冲压件的尺寸偏差分类，可以帮助理解的偏差来源，才能有效保证冲压件尺寸的一致性，以下是对于冲压件的偏差分类及来源，这些分类如图 1-35 所示：

1) 均值偏倚 (mean bias): 为正式生产平均值偏离名义值 (设计中值) 的变差。
2) 零件间的偏差 (part-part variation): 零件间产生的短期偏差, 这个偏差来自整体一个班次生产的连续生产数据, 是短期的随机数据集合, 符号为 $\sigma_{part-part}$。
3) 均值偏差 (run-run variation): 这个偏差是每次模具设置的重复测量偏差, 来自两次以上的模具重复设置后偏差或两个班次生产间的偏差, 符号为 $\sigma_{run-run}$。
4) 首末件偏差 (begin-end of run variation): 每一班次生产运行过程的均值稳定性。这部分变差来源于冲压油的变化、操作速度或压力的变化。符号为 $\sigma_{begin-end}$。

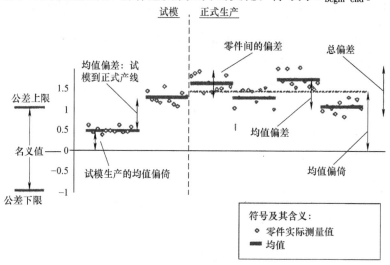

图 1-35 冲压件的偏差分类及来源

因为尺寸数据是独立随机的, 所以这些偏差之间的关系公式为:
1) 均值偏倚 (mean bias):

$$\sigma_{mean\ bias}^2 = \sigma_{run-run}^2 + \sigma_{begin-end}^2$$

2) 总体偏差 (total variation):

$$\sigma_{total}^2 = \sigma_{part-part}^2 + \sigma_{mean\ bias}^2$$

通过图 1-36 可以看出, 冲压件的总体偏差 σ_{total} 受每班次首末件的偏差 $\sigma_{begin-end}$ 影响极小, 主要来源于零件间的偏差 $\sigma_{part-part}$ 和生产班次变化间的变差 $\sigma_{run-run}$。由表 1-5 实际测量分析可知, $\sigma_{begin-end}$ 对总体偏差的影响只有 4.3%。

所以公式可以简化为

$$\sigma_{total}^2 = \sigma_{part-part}^2 + \sigma_{run-run}^2$$

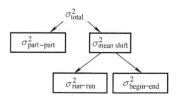

图 1-36 偏差间的关系

对于图 1-35 还可以得出这样的结论, 无论在模具供应商产线上的试模生产, 还是在生产企业的正式生产过程中, 零件间的偏差 $\sigma_{part-part}$ 变化不大。虽然零件间的偏差在表 1-5 中占 65.4% 的影响, 但是可以对零件偏差的控制几乎是不可能的。在实际的模具生产过程中, 因为模具是连续平顺的表面, 一个点的修正必会影响其他周围区域, 维修不过是不合格的尺寸从一个位置转移到其他位置而已。通常来说, 在模具完成以后, 零件间的所有尺寸统计偏差基本会保持一致, 零件间的偏差最好在模具制造阶段进行管理。整体式侧围 12 个测量分析点如图 1-37 所示。按照冲压件总体偏差的公式, 只有占 30.3% 贡献率的均值偏倚是冲压

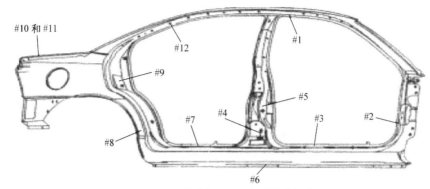

图 1-37 整体式侧围 12 个测量分析点

件质量控制的唯一可行的偏差来源。

均值偏倚是实际生产尺寸相对于设计基本尺寸（nominal）的偏差量。均值偏倚的期望值为 0mm，冲压件的生产过程中期望 0 偏倚的质量控制水平。均值偏倚越小意味着加工厂的生产均值越接近设计中值，也就是过程能力指数 P_{pk} 的最大化，即生产成本最低。另外，需要注意的是任何生产都有均值偏差，摩托罗拉公司曾经公布过加工行业的普遍均值偏倚的水平为 1.5σ。

均值偏倚越小，成本越低，意味着在竞争中的成本越有优势。根据表 1-5 可以得出，这个侧围冲压件大约 10% 的均值偏倚超过 1.0mm，大约 35% 的尺寸偏倚大于 0.5mm。

表 1-5 对冲压件 12 个测量数据的偏差统计

测量点		偏差分类/mm²				均值偏差 /mm
取点位置	测量方向	零件间 ($\sigma^2_{\text{part-to-part}}$)	每班次首末 ($\sigma^2_{\text{begin-end}}$)	生产班次之间 ($\sigma^2_{\text{run-to-run}}$)	总体偏差 (σ^2_{total})	
1	Y	0.09	0.00	0.06	0.16	0.313
2	Y	0.04	0.00	0.00	0.04	0.342
3	Z	0.01	0.01	0.00	0.02	0.786
4	Y	0.05	0.03	0.00	0.08	1.187
5	X	0.48	0.00	0.00	0.48	0.851
6	Z	0.05	0.05	0.00	0.10	3.673
7	Z	0.06	0.00	0.03	0.09	1.609
8	Y	0.14	0.00	0.18	0.32	2.530
9	X	0.34	0.00	0.17	0.51	1.139
10	Y	0.01	0.00	0.00	0.01	0.618
11	Z	0.02	0.00	0.03	0.05	0.837
12	Y	0.14	0.00	0.18	0.32	0.675
平均值		0.12	0.10	0.05	0.18	1.130
所占百分比之和		65.4%	4.3%	30.3%	100.0	—

影响均值偏倚的主要因素有 3 种：

（1）测量系统（MSA）

1）夹具、工装、检具的装夹顺序。

2）夹具、工装、检具的夹紧力。

3）零件定位方法（基准方案）。

（2）产品设计

1）零件的几何结构（尺寸测量难易度和结构复杂性）。

2）零件的刚性。

3）检测点位置。

（3）工艺过程

1）冲压设备参数设置及操作过程的变差。

2）冲压设备压力的变化（如试模线到正式生产变化）。

3）冲压材料的搬运和存储。

如果进入正式生产，产品设计和测量系统已经冻结，所以工艺过程几乎占据了所有均值偏倚的来源，生产企业控制冲压件质量的可行方案就是对于冲压设备的维护、冲压参数的SPC跟踪、润滑油的使用和冲压件的物流运输包装上。

表1-6是七个冲压生产企业的侧围产品均值偏倚分析，同时还比较了侧围的设计结构，例如是整体式侧围还是拼接式侧围，以及测量夹紧点的数量。不同公司对于侧围的公差定义不同，有的是±0.3mm，有的是±1.25mm，这是质量控制的设计影响。表1-6中显示A～G公司中均值偏倚超出设计范围并达到30%的情况，当均值处于尺寸要求的上下限位置（均值偏倚超过一半的设计偏差），意味着至少50%的零件将会超差。但即使如此，大部分侧围焊接总成的质量并没有那么差。例如B公司的生产，综合均值偏倚达到设计公差的39%，但是最后侧围总成的质量达到80%的尺寸Cpk在1.33以上。而D、E公司的生产虽然均值偏倚只有设计公差的39%、14%，但是最后的侧围焊接总成的质量只有23%、43%的尺寸Cpk在1.33以上。大部分公司的白车身虽然终检合格，但是组成车身的冲压件大部分处于不合格状态。公司A～C虽然采用了Cpk的过程能力要求，但是均值偏倚管理水平并不高。C公司公差带比较宽，所以绩效较好。

表1-6 七个冲压生产企业的侧围产品均值偏倚分析

生产企业代号	侧围类型	主要公差范围	工装的夹紧点数量	均值	均值偏倚占公差百分比	大于Cpk=1.33值尺寸百分比
A	整体式侧围结构	±0.7	11	1.10	66%	15%
B	整体式侧围结构	±0.7	14	0.73	39%	80%
C	两片拼接侧围结构	±1.25	7	0.51	5%	75%
D	两片拼接侧围结构	±1.0	8	0.88	39%	23%
E	两片拼接侧围结构	±0.5	22	0.36	14%	43%
F	两片拼接侧围结构	±0.3	16	0.31	39%	29%
G	整体式侧围结构	±0.5	17	0.37	28%	37%

对于F公司，使用了过约束的测量系统（17个夹紧点），取得了小于A和B整体式侧围结构±0.7mm以内的公差成果，甚至达到更紧凑的公差±0.3（两片拼接侧围结构），可以看到采用拼接式侧围结构和采用增加夹紧点的方式可以降低冲压件产品的均值偏倚。

如图1-38所示，冲压件同其焊接总成在同一个测点上对比，一些尺寸虽然偏离设计基本尺寸，但是不影响装配质量。一些尺寸虽然趋于设计基本尺寸，但是并不会改善最终焊接总成的质量。在这个案例的生产过程中，5～6工序的单件偏差（0.30mm）要比1～4工序的偏差（0.24mm）好，但是最后的总成偏差是1～4的偏差（0.19mm）优于5～6工序的总成偏差（0.80mm）。

按照以上分析可以得到这些结论。应按照冲压件的公差能力来控制工艺，以避免不必要

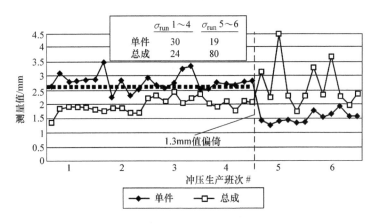

图 1-38　冲压单件和焊接总成的效果对比

的冲压成本增加。汽车公司应避免倾向于在冲压件上定义不必要的更严的公差，特别是低刚性的零件。

生产过程中虽然有许多冲压件的尺寸超差，但是焊接总成仍然合格。不像其他刚性零件装配过程，冲压件的装配工艺会影响零件的最终几何结构。最终焊接总成取决于零件结构和装配工艺，应尽量尝试在装配过程增加或减少装配偏差。稳健的装配工装能够适用宽泛的零件变差，工厂可以利用这个特点，扩大单件冲压件公差，降低成本。即使一些公差超差后也不影响总成公差，而过严的公差产生不必要的模具维修，导致项目延迟。

更多的夹紧点可以获得更严的公差，应该适当按照装配（焊点数量）来定义夹紧点的数量，在冲压件上尽可能多地布置夹紧点，以获得真实的总成装配状态，避免不必要的冲压件精度控制。

冲压件不适合做 Cpk 和 Ppk 质量跟踪。冲压件的生产过程变差来源太多，而且不合格的零件不意味着最后的总成质量不合格，Cpk 和 Ppk 质量跟踪通常达不到预期的冲压件质量控制效果。

另外对于冲压件，运输过程中也是一个影响偏差的主要来源，尤其是大尺寸非刚性零件（例如侧围和轮罩板）在从试模到车间生产线的运输过程中产生很大的变差。研究数据表明，即使是对小尺寸零件，在运输过程中 6%～19% 的尺寸也会产生至少 0.2mm 变差，所以生产企业通常设计专门的物料周转箱运输冲压件，对于狭长的梁类零件应竖直放置以避免运输对于偏差的影响。

六、基准参考点 RPS/PLP 管理

RPS/PLP 是汽车企业常用的基准参考点的符号，RPS/PLP 是在概念设计阶段由系统工程师定义在车身上的关键定位点，并且确保每个生产阶段都要保证这些点的精度。这些点是后续总成或零件 GD&T 图纸、生产工装和检具的基准依据。RPS/PLP 的概念提出是为了在汽车设计和生产过程中保证车身质量的基准统一原则。

基准统一原则是管理零件或总成件在产品设计、制造、检测和装配中汽车开发所有阶段中的基准设置（RPS/PLP 点）。目的是使零件的设计基准、工艺基准和测量基准统一，以减少基准累积误差，提高测量和定位的可重复性，提高汽车尺寸质量水平。RPS/PLP 基准点

性质如下：

1）RPS/PLP 是抽象的点、线、面。
2）RPS/PLP 必须符合 3-2-1 法则。
3）RPS/PLP 基准有企业标准设计规格（名称、形状、大小）。

RPS/PLP 的原理如图 1-39 所示。

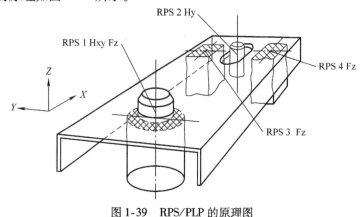

图 1-39 RPS/PLP 的原理图

七、汽车车身冲压件的间隙、面差设计 DTS

基于市场上同类车型的竞争对手分析，汽车企业需要定义同级车型具有竞争性的感官质量参数，这些感官参数作为质量目标包括车身的间隙（gap）和面差（flushness），对于这种间隙和面差的感官质量控制叫作车身尺寸管理 DTS。图 1-40 所示是两款车型的发动机舱盖和翼子板的间隙差 DTS 控制。通常汽车企业会收集市场上和自身产品系列的 DTS 数据用于下一代产品的质量目标的创建。

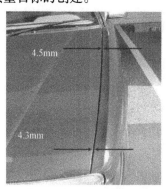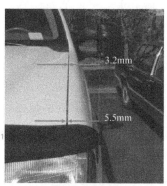

图 1-40 发动机舱盖和翼子板的间隙差 DTS 控制

这些建立 DTS 目标然后分解到车身的下级总成，例如侧围总成、门总成和地板总成等，用来作为定义车身子总成和子零件公差精度的依据。DTS 外观控制应用如图 1-41 所示，但它又包含了功能尺寸的控制，主要是应用在车身四门两盖的胶条的密封间隙控制上。

功能 DTS 的应用如图 1-42 所示。

前后门缝隙设计目标图纸如图 1-43 所示。

第一章 结构设计

 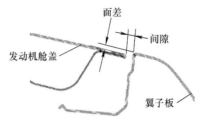

图 1-41 DTS 外观控制应用

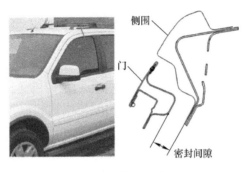

图 1-42 功能 DTS 的应用

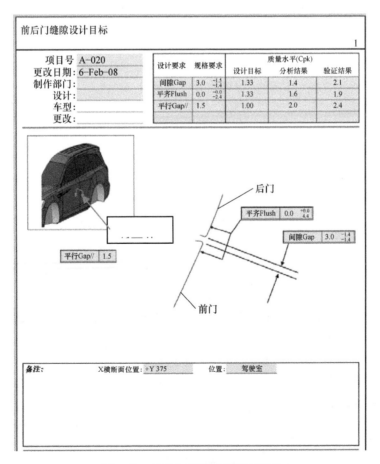

图 1-43 前后门缝隙设计目标图纸

整车的 DTS 下发到汽车企业各个产品部门后，各个产品部门会分析每一个断面的 DTS 要求。

八、冲压零件设计案例

冲压零件是产品结构设计中的重要部分，例如汽车车身、消费电子产品中的骨架结构和各种仪器的壳体。冲压件通常由模具成型或由数控折弯成型。与机加工零件相比，冲压件不需要去除更多的材料，具有装配的柔性，更适合于低成本和快速生产。因为精度控制的原因，冲压件更多地应用于框架作为安装支撑，或应用于壳体作为外观和防护作用。

冲压件的研发包括冲压材料选择、冲压模具设计、冲压成型的有限元分析、强度分析、焊接工装的设计和检具设计，下面我们系统地研究冲压件设计的整个开发流程。

工业制造中经常使用的冲压件材料包含钢、铝等材料。在汽车行业，因为安全性和轻量化的要求，高强度钢（550MPa 以上）和铝材料应用越来越广泛。因为轻量化的原因，需要在整体结构细节中设计不同部分的强度（例如同时使用钢和铝等，这就需要混合使用其他材料）。因为存在电化学腐蚀，需要考虑不同材料连接处的防腐蚀处理，所以冲压件的连接设计成为当前比较热门的一项技术。

从低强度到高强度的传统钢材包括低碳钢、IF 钢、烘烤硬化钢和高强度低碳钢。考虑到安全性要求和排放法规的逐渐严苛，钢的研发向兼顾高强度和可成型性发展。近来新能源汽车广泛使用先进高强度钢（AHSS, Advanced High Strength Steel），种类包含双相和多相结构、铁素体-贝氏体、马氏体、相变诱发塑性、热成型和相变孪晶诱导双相等微观结构。这些种类的先进高强度钢各有特点和工艺特性，需要针对产品结构的要求选择。

冲压零件在设计之前应该进行数模创建，如图 1-44 所示，数模创建需要知道设计零件周围的边界条件，这些边界可以导入 3D 设计软件的空间。数模的创建可以使用 CATIA、UG、Solidworks 等 3D 软件，基本创建思路如下：

由装配分析可知，前座椅横梁的设计会和 4 个部件进行装配（为了方便说明，数模只显示这 4 个部件的部分结构）：

图 1-44　车身冲压件（前座椅横梁）

1）地板中间通道，约束了前座椅横梁的内侧端面车身横向（cross car/Y）位置和车身上下（upper down/Z）位置。

2）座椅安装孔和安装面，从座椅总成中提取出的安装孔和配合面，约束了前座椅横梁的上表面高度和宽度，和前座椅横梁的前后位置（fore after/X）。

3）侧围门框下横梁，为了简化只显示两个装配面，约束了前座椅横梁的外侧端面车身横向（cross car/Y）位置和车身上下（upper down/Z）位置。

4）前地板，约束了前座椅横梁下安装面的上下（upper down/Z）位置。

至此，前座椅横梁的 6 个设计边界条件完整。在进行下一步骤细化结构前，需要先了解冲压件设计的要点，以避免重复性的修改。冲压件的特点是空间异形面，可以适应装配复杂的环境。对于冲压件的设计通常是使用曲面功能设计。虽然很多 3D 软件有钣金设计模块，但是对于车身冲压件数模很少使用。这些冲压设计模块功能更适合一些直线弯的零件设计。我们会在电子产品的钣金件设计中给出一些案例。

如果使用曲面功能，3D 数模将是一个零厚度曲面，这就需要注意前座椅横梁周围的零件在搭接处的厚度方向和厚度值。通常来说，由于冲压模具设计的原因，一般使用冲压件的内表面作为数模面，所以我们还需要调查 4 个周围冲压件的厚度信息：

1）地板中间通道厚度 0.6mm，内表面为数模面，厚度向外，所以前座椅横梁需要向外侧偏移 0.6mm 建立贴合面。

2）座椅安装孔和安装面，同座椅的安装边界面贴合。

3）侧围门框下横梁，数模面为内表面，且是贴合面。

4）前地板厚度为 0.6mm，数模面为外表面，前座椅横梁下表面需要同地板有 0.6mm 的厚度距离，前座椅横梁的厚度为 1.24mm。

有了这些信息就可以进行建模，先建立前座椅横梁的 C 型槽，前座椅横梁设计边界条件如图 1-45 所示，注意座椅的两个安装面是倾斜面。修剪前后的 C 型槽形状如图 1-46 所示。

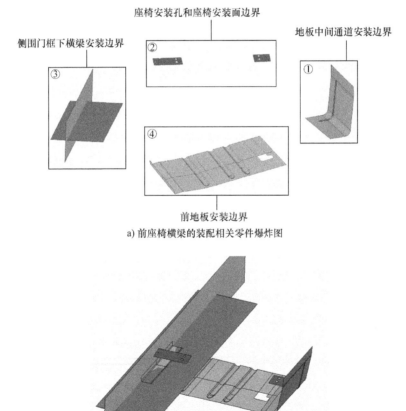

a) 前座椅横梁的装配相关零件爆炸图

b) 前座椅横梁设计的环境总成

图 1-45　前座椅横梁设计边界条件

如图 1-47 所示，提取侧围、地板和中央通道进行修剪，处理好前地板横梁、前地板、中央通道和侧围的两处三个零件的搭接关系，让出配合厚度。

修剪后的前座椅横梁数模如图 1-48 所示。

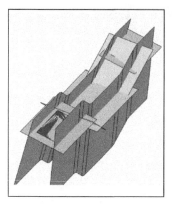
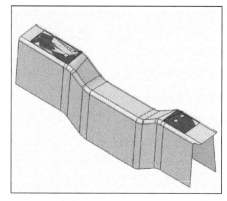

图 1-46　C 型槽形状创建

座椅横梁作为承载零件，需要添加安装孔和加强筋等细节结构。拐角圆弧加强筋的草图和修剪方法如图 1-49 和图 1-50 所示。

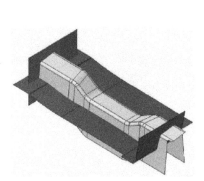
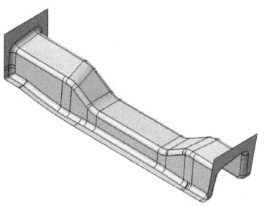

图 1-47　提取侧围、地板和中央通道　　　　图 1-48　修剪后的前座椅横梁数模

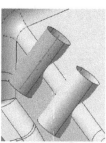
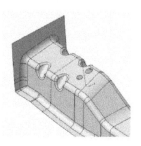

图 1-49　座椅横梁的典型加强筋结构建立

继续完善座椅横梁的数模，例如定位孔、座椅安装孔等，效果如图 1-51 所示。为座椅横梁增加厚度，如图 1-52 所示。

至此，数模的结构部分就完成了，图 1-53 所示是装配在地板上的效果，需要重点检查座椅横梁同地板总成搭接处的结构处理。对于座椅横梁冲压件的设计，使用了孔槽定位的方式，这是非常典型的定位方法，因为孔槽定位方法适合冲压件这种空间异形结构零件的高可重复性定位，无论是在三坐标测量，制作检具或后面的焊接工装设计都容易实现。

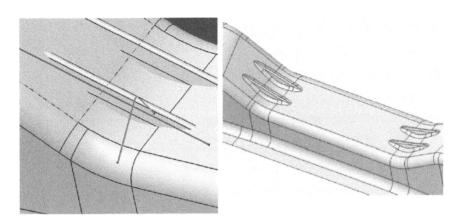

图 1-50　平面上的加强筋的结构创建

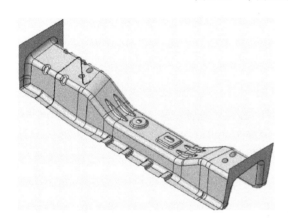

图 1-51　座椅横梁的其他结构特征的创建

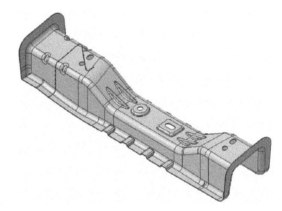

图 1-52　增加了厚度的座椅横梁效果图

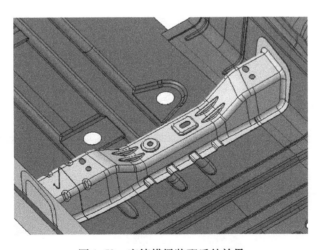

图 1-53　座椅横梁装配后的效果

理论上的结构数模定义完成后,需要针对工艺定义前座椅横梁的制造公差。

随着 CAD 软件的功能越来越强大和普及,3D 公差标注开始成为趋势,ASME 和 ISO 组织都发布了相关标准,分别是 ASME Y14.41 和 ISO16792,这两个标准大部分内容一致。标准化标注方法能够提高研发效率,这两个标准可以在制图标准中引用,作为工程师或供应商的产品图纸的设计规范评审要求。这两个标准同时提供了大量的标注案例供参考。图1-54所示是3D标准几何公差的零件案例,这个3D标注中包含几何模型、基准和公差注解三部分。

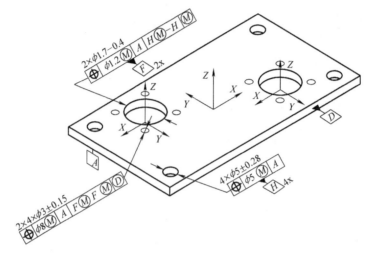

图1-54　ASME/ISO 的3D标准几何公差的零件案例

设计数模代表理想的几何结构,数模的尺寸是产品的基本尺寸,代表零件的最佳装配状态可能是最大尺寸、最小尺寸或均值。

标准中关于数模的比例、单位和精度要求如下:

1）比例要求设计数模比例必须是1:1。
2）测量单位可以是公制或惯用单位。
3）数模精度是指设计工件数学上的精确性,即CAD工具中创建3D理论数模的精度。有效数字位数应通常作为默认参数很少修改,零件的设计精度不能超过数模的精度。注意如果小数位数变化,数据圆整后的结果会发生变化。数模尺寸值、设计理论尺寸值和图纸尺寸相互间的关系如图1-55所示。

ASME Y14.5	ASME Y14.41		应用案例
	数模尺寸 [Note (3)]	尺寸精度	
基本尺寸（注解1）	88.4100000...	88.4	88.4
尺寸	7.0000000...	7.0	$\phi^{7.5}_{7.0}$
线性尺寸	19.6666666...	19.67	19.67±0.12
圆弧	3.1500000...	3.2	CR $3.2^{+0.8}_{0}$
角度	28.5918273...	28.6	28.6°±0.4°
只有上限尺寸（注解1）	12.0000000	12	12
参考尺寸（注解1）	21.6018043	21.6	(21.6)

图1-55　ASME Y14.41 中关于数模尺寸和设计精度的对应关系

对于冲压零件，如果建模是零厚度的，因为厚度方向会影响零件装配，所以应该指示材料方向，如图1-56所示。

有了标准的规范，就可以着手设计几何公差图纸的基准和公差。

基准定义是真实几何模拟体上的理想的点、线或面。工程师设计时指定数模上某个或某些特征用来作为基准，这些特征可以是点、线或面。建立这些基准的目的是给几何公差作为参考和约束零件的自由度。

建立基准的目的是为了约束零件的自由度，固定住零件。空间中的零件具有六个自由度，分别是三个轴向平移自由度和三个绕轴线旋转自由度，如图1-57所示。几何公差通过公差框格的引用来规定去除几个自由度或如何去除自由度。同一个特征在不同的自由度约束条件下会有不同的测量结果。

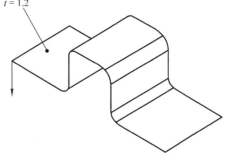

图1-56　无厚度零件的材料方向注解——厚度为1.2mm，材料方向向下或向内

ASME Y14.5-2018版引用了"真实几何模拟体"（true of geometric counterpart）的基准创建术语，相似于欧标 ISO 5459（相关基准的标准）中的术语"模拟体"（associated feature）。真实几何模拟体和模拟体都必须是理想几何体（例如直的平面、圆柱面或理论的曲面）。图1-58所示是 ASME Y14.5-2018 中基准的相关术语和定位原理，图中的真实几何模拟体是零件和检具的高点形成的切平面。

图1-59所示是 ISO 5459 关于基准的定义。标准对于基准建立流程和数学算法做出明确的定义，为三坐标软件基准建立提供了规范的评价方法。在工程设计过程中，理解基准的定义和方法非常重要，零件的设计质量取决于稳健的基准设计。

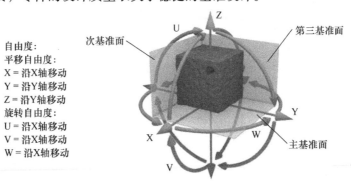

图1-57　零件空间六个自由度

通常使用几何公差的形状控制定义主基准，这里以 GD&T 标准为例来介绍，形状控制包含4种控制方式，如图1-60所示，包括直线度、平面度、圆度和柱面度。但大多数车身冲压件是异形面，这4种理想几何特征不适用主基准的创建，而是使用轮廓度来定义，称为基准目标。轮廓度定义的主基准面通常为不连续的面。虽然轮廓度可以定义在曲面上，但是为了稳定地支撑零件，最好是选择较为平坦的面来作为主基准。

由于柔性零件（例如冲压零件、塑料件和橡胶零件等）在外力的影响下变形较大（相对于刚性零件）的材料特点，需要对基准定位点进行受力约束或自由状态的设置，以使设计实际体现装配的要求，保证产品在正确的状态下加工和检测。

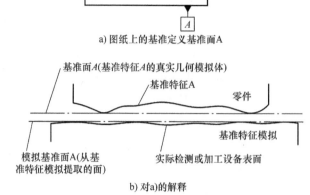

a) 图纸上的基准定义基准面A

b) 对a)的解释

图1-58 基准的相关术语和定位原理

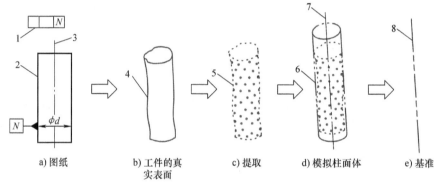

a) 图纸　b) 工件的真实表面　c) 提取　d) 模拟柱面体　e) 基准

图1-59 ISO 5459关于基准的定义

"受约束"（constrained，ASME Y 14.5-2018）表示零件在检测时受到除重力以外的外力进行测量的状态；而自由状态Ⓕ（free state，ASME Y14.5 2018）表示测量是在不受到外力（除重力以外的力）的情况下测量状态。注意：这里区别ISO 5459有相近的术语——约束（constraint），它是限制零件的方向、位置、材料条件和本身特征条件，是空间的约束方法。

名称	符号	名称	符号	名称	符号
直线度	—	线轮廓度	⌒	平行度	∥
平面度	▱	面轮廓度	⌒	位置度	⌖
圆度	○	倾斜度	∠	圆跳动	↗*
柱面度	⌭	垂直度	⊥	全跳动	⌰*
				*箭头可以是填充或空白	

图1-60 GD&T中12种公差控制方式

九、座椅横梁的MBD标注

定义零件的几何公差有两种方法，包括传统的2D图纸方法（图1-61）和应用日益广泛的3D标注。3D标注几何公差的方法在Solidworks应用环境称为MBD技术（Model Based Definition，基于模型的产品数字化定义），UG应用环境称为PMI技术，CATIA应用环境称为FTA技术。MBD标注效果如图1-62所示。

3D数据标注最先在美国波音公司实行，后来美国机械师工程协会发展成标准ASME

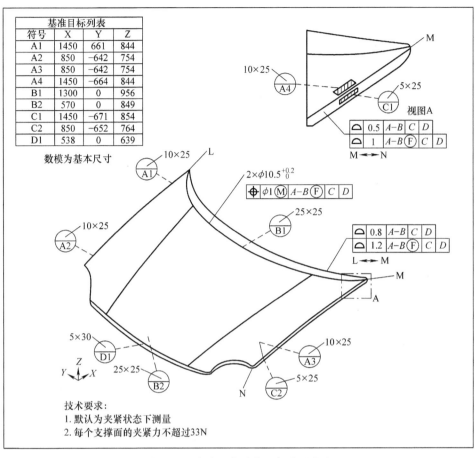

图1-61 发动机舱盖的几何公差定义

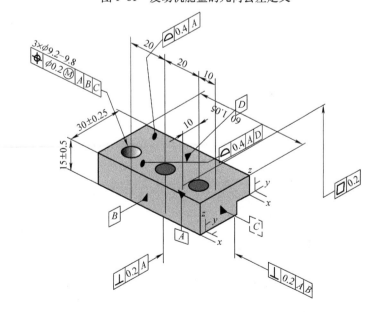

图1-62 MBD标注效果

Y14.41，欧洲借鉴这个标准制定了国际标准 ISO 16792，美国军方标准号为 MIL-STD-31000A。3D 数据标注技术的目的是让企业从传统的二维图纸方式转变为数字模型为中心，继而实现设计、加工和检测的高度集成，实现工业数字化和智能制造管理最重要的一个环节。

3D 数据标注将 GD&T 的公差信息直接建立在数模上，企业在制造和检测过程中，操作者可以从数模直接提取刀具加工路径，或比对公差结果的闭环系统。

目前 CATIA、Solidworks、UG 等主流 3D 软件都支持 3D 数据标注技术。这些软件工具对于 GD&T 有内置的逻辑正确性检查功能，例如基准定义的充分性和公差间的逻辑关系。这些智能的内置检测约束了设计者的随意性，避免图纸设计不合理而影响产品生产进度。本书以 CATIA 的 FTA 模块来介绍 3D 数据标注方法。

座椅横梁与地板的接触面平整且有安装要求，可以设置为 Z 向的主定位支撑面，基准目标的建立效果如图 1-63 所示。基准目标为 A1 - A4，支撑面为矩形 10mm×30mm。其中符号 Up/Down 表示按照整车车身的坐标系上下方向（Z 向）定位零件。

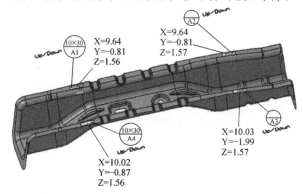

图 1-63 基准目标的建立效果

如图 1-64 所示，继续定义主定位孔 B 和次定位槽 C。主定位孔 B 的符号 Fore/Aft 表示按照整车坐标系的车身前后定位（X 方向），Cross/Car 表示按照整车坐标系的车身左右方向定位（Y 方向）。同理，次定位槽 C 的符号表示整车坐标系车身方向的前后定位，同主定位孔 B 的中心连线形成 Y 轴。给出基准的中心点的目的是为三坐标测量和检具制作提供必要的测量输入和制造信息。

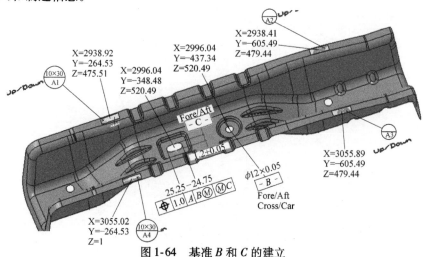

图 1-64 基准 B 和 C 的建立

第一章 结构设计

如图1-65所示，CATIA在数模空间创建了符合N-2-1原则的基准参考框架A｜B(MMC)｜C(MMC)，接下来可以使用这个基准框架定义功能尺寸，例如位置度和轮廓度，如图1-66所示，包括4个螺母加强版的定位孔和同地板、中央通道、纵梁的配合面。至此，座椅横梁的GD&T定义完毕。

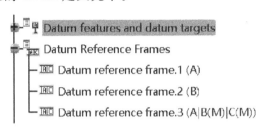

图1-65 基准框架A｜B（MMC）｜C（MMC）

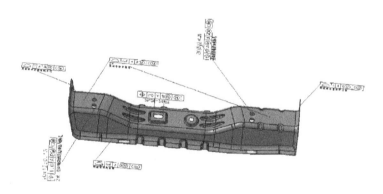

图1-66 其他功能尺寸的定义

十、座椅横梁的测量

冲压件可以通过检具和三坐标实现，本案例使用比较常用的三坐标测量分析软件Polyworks和Geomagic实现测量。图1-67所示为三坐标测量流程。

图1-68所示是Polyworks按照GD&T要求定义基准目标A1-A4。图1-69所示是基准B和C的设置。图1-70所示是座椅横梁加强板安装孔的位置度定义，这里需要注意的是两个孔的组合孔的位置度，这两个孔的位置度评价是在A｜Bmmc｜Cmmc的基准框架内。同样方法，图1-71是座椅横梁加强板槽型孔位置度公差设置，也是组合孔位置度。

图1-72所示是座椅导轨安装面轮廓度设置，注意在A｜Bmmc｜Cmmc基准框架内的评价。图1-73所示完成剩下的对于地板、中央通道和纵梁安装面的轮廓度设置。

图1-67 三坐标测量流程

33

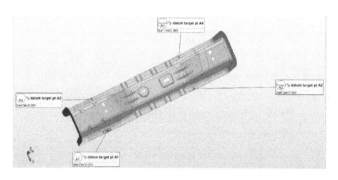

图 1-68　Polyworks 的测量设置——基准目标

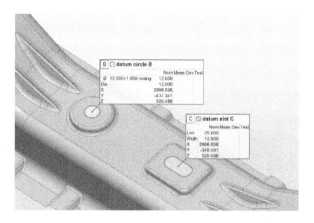

图 1-69　基准 B 和 C 的设置

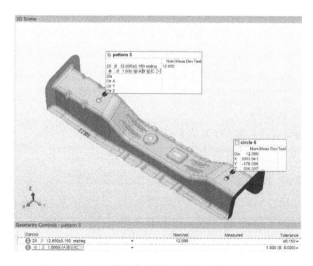

图 1-70　座椅横梁加强板安装孔的位置度定义

如图 1-74 所示，为了能够使数模和测量数据初始对齐，可以使用点对齐的方式设置 6 个对齐点，应在尽可能三个垂直的平面上取 3 点、2 点、1 点。这个命令类似于 GD&T 基准的 6 点法定位原理，目的是完成初始定位对齐数据和数模，为后续点测量和扫描点云对齐做准备。连接三坐标，Polyworks 会指导按顺序探测 6 个点，然后给出控制图，作为硬测点对齐使用。注意点对齐给出的误差范围是 $\phi 5\mathrm{mm}$，Polyworks 会指导操作者多次迭代进行校核精度。如图 1-75 所示，左侧的目录树创建了点对齐标识，为后续自动编程测量做准备。

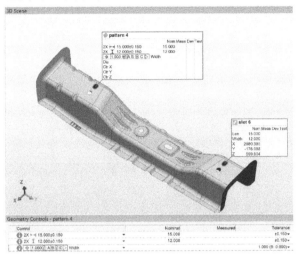

图 1-71　座椅横梁加强板槽型孔位置度公差设置

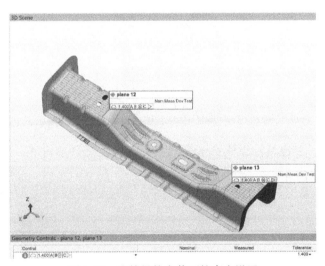

图 1-72　座椅导轨安装面轮廓度设置

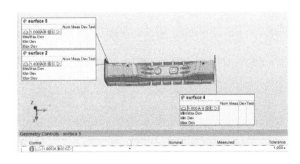

图 1-73　安装面的轮廓度设置

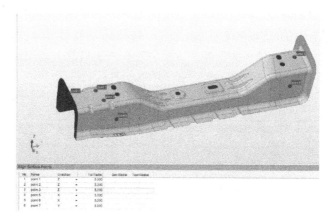

图 1-74　创建初始点对齐

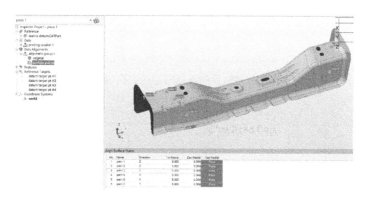

图 1-75　创建点对齐，注意三个窗口的变化

如图 1-76 所示，基准目标点测量（模拟）完成，注意目录树 A1 – A4 基准目标状态变为测量完成，数模上对应的 A1 – A4 有 4 个标记表示测量数据完成。同时在基准目标对齐数据窗口可以观察 4 个基准目标通过测量精度要求，实现测量点对齐。

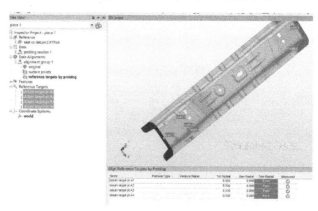

图 1-76　A1 – A4 基准目标的模拟测量

图 1-77 所示是一种冲压件经常使用的测量方法，等距点建立在冲压件的切边和切边相

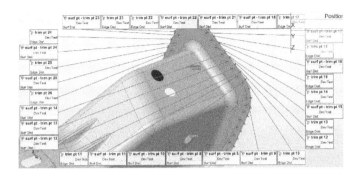

图 1-77 创建测量比较点

距一定距离（距离切边 6mm）的轮廓度测量，需要点云数据进行比对。

图 1-78 所示是点云扫描过程。测量结果输出如图 1-79 所示，因为使用的是模拟点云，所以位置度偏差都是 0。右侧的偏差图谱直观显示了建立的测量点是偏移到零件的外侧方向（黄色或红色）或偏移到材料内侧方向（蓝色）。

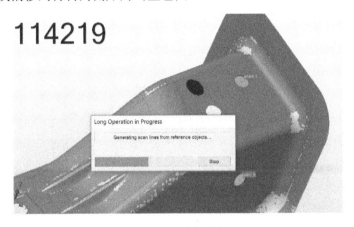

图 1-78 开始扫描点云

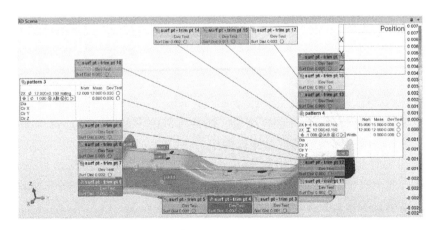

图 1-79 测量结果输出（见彩插）

使用基准框架 A｜Bmmc｜Cmmc 定位的偏差图谱如图 1-80 所示。测量点的偏差显示如图 1-81 所示。因为对于大量点云的处理优势，三坐标数据分析软件例如 Polyworks 对于面的轮廓分析功能强大，可以形成图谱对面整体的分析偏差，也可以进行单点分析。这些数据对于模具的质量验证非常有效。

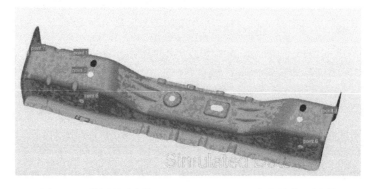

图 1-80　使用基准框架 A｜Bmmc｜Cmmc 定位的偏差图谱

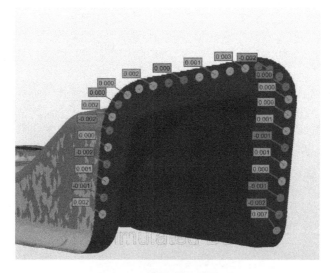

图 1-81　测量点的偏差显示

对于座椅横梁的测量设置完成，可以继续生成测量报告。因为汽车零件都是大批量生产，对于重复性的测量，可以使用空模板命令（nominal project）去除检测数据，创建检测模板，然后共享给其他操作者进行重复测量。通常可以由设计部门完成这个测量模板的创建，然后传送到检测部门或供应商进行测量操作。

Polyworks 需要对于 GD&T 信息重新标注，另一类三坐标测量软件例如 GeomagicCX 的特点是可以直接导入 MBD 信息，通过 PMI 导入命令实现，但是因为软件兼容性问题或 GD&T 标注不规范，对于直接导入的 GD&T 信息也需要检查是否完整一致。

十一、冲压件的焊接设计、检测和工装设计

冲压零件的连接可以使用紧固件和焊接的方法，因为一般冲压零件很薄，紧固件的预紧力储能低,所以通常采取焊接的方法。冲压零件的焊接需要焊接工装完成。

工装是生产过程中用来定位、固定和支撑工件的设备,是汽车行业生产过程中必不可少的生产要素,广泛用于自动化加工、检测和装配工艺过程中。工装必须能够将工件按照设计要求定向、定位到对应的其他零件、加工设备或测量设备上,来完成切削、焊接、检测或装配等工作。工装通常是为指定的工序和零件设计,不具备柔性适应其他工序和零件。

焊接工装是按照设计公差要求通过夹紧、支撑和定位功能把工件连接到一起的设备。为了保证工件稳固地夹紧在定位支撑块上,焊接工装应该具有足够的刚性。焊接工装简化了操作过程,降低了生产节拍,保证了焊接质量。

焊接工装的基本组成:

1) 定位装置:通常设置为固定的,通过约束工件的自由度来保证工件在工装中的位置。

2) 夹紧装置:产生夹紧力的装置,用来克服工件的外力作用,例如重力等,夹紧力区别于定位的约束。

3) 基座:是工装的主要结构,保证了安装在本体上的定位、夹紧、支撑等装置之间的相互位置关系。

4) 支撑:在工装上固定且一般可调整的装置。

因为焊接工装是热连接工艺,设计时应该考虑下列因素:

1) 工件的热膨胀变形不能影响适当的定位、夹紧和装卸。应该在定位装置和工件间预留足够的间隙来适应零件的膨胀、收缩和变形,避免卡住零件。

2) 焊渣不应该飞溅到工装夹紧装置或工件的螺纹部分。

3) 防止焊接工件无法取出工装。

4) 当工件在多个方向上需要焊接,考虑增加操作者或翻转机构。

5) 为了减少缺陷,一些情况需要快速冷却散热装置。

汽车焊接工装的设计目的是满足车身零件的定位要求。这个定位要求是指将零件焊接到准确的位置上,且能够保证批量生产的质量。焊接定位的信息要严格遵循设计图纸。焊接工装能够保证将零件定位到要求的位置是通过定位和夹紧装置实现的。

以下是主要汽车公司的定位和夹紧术语:

1) 大众公司:RPS。

2) 奥迪公司:RPS。

3) 宝马公司:ASP。

4) 克莱斯勒公司:PLP。

图 1-82 所示是大众公司图纸 RPS 点标注方法,符号 Hxy 中的 H 表示孔(Hole),符号 xy 表示定位为车身的 XY 方向,图中是 $\phi 11.7$ 的孔,通常被称为主定位孔,其相应的焊接工装或检具销被称为 4-way 销。符号 Fz 代表主定位支撑面的方向为车身 Z 向(车身上下方向),一共有 3 个支撑面,其中 RPS-5 支撑面大小为 25mm×25mm,RPS-3 支撑面大小为 20mm×65mm。

白车身主要是焊接而成。现在因为轻量化的需求压力大,全铝车身设计变得越来越多,同时一些高端车型也使用全铝车身。因为铝材料的焊接工艺局限,对于铝车身的连接形成了使用冷铆或螺栓连接技术,本章节主要讨论焊接连接的工装设计。

焊接车身主要是由点焊方法连接，焊接工装设计者应该掌握以下焊接要点：

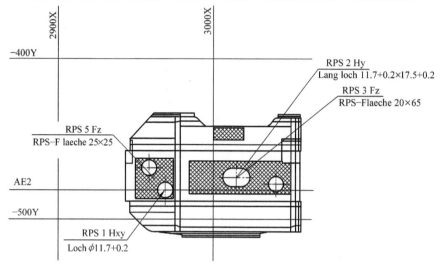

Pkt.		X	Y	Z	
1	Hx Z	463	−701.5	570	Rund loch ϕ19.8+0.1
2	Hx Z	463	701.5	570	Rund loch ϕ19.8+0.1
3	Hy	347	−340	644	
4	fx	434	−722	205.7	

图 1-82　大众公司图纸 RPS 点标注方法

1）操作高度：操作高度是指底面到焊机的把手位置，如图1-83 所示。如果焊接操作者身高1750mm，那么焊接钳的操作高度是在 800～1100mm，焊接工装高度通常处于 1200～1500mm。

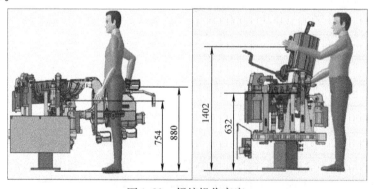

图 1-83　焊接操作高度

2）易操作性：减少在焊接操作侧的定位装置数量，尽量布置在操作者操作焊接的另一端，如图 1-84 所示。

3）避免焊接产生干涉：定位块位置布置应尽可能紧凑，还应避免产生干涉。

4）操作者的位置：这取决于焊枪的位置，如图 1-85 所示。如果单侧操作无法完成焊接，需要在另一侧增加操作者，或者改变焊接工装为可旋转形式。

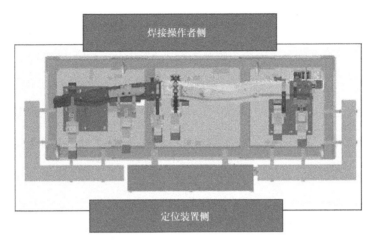

图 1-84　焊接定位布置

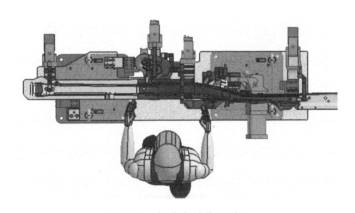

图 1-85　操作者的位置设置

1. 焊接工艺

点焊分为双面和单面点焊，点焊时要注意翻边的宽度和接头设计。如图 1-86 所示，双面点焊是从工件的两侧电极通电，也是最常用的方式。当使用大的接触面电极作为下侧时，可以消除电极压痕，所以通常布置在外观面的一侧，如图 1-87 所示。当采用多焊极焊接（同时焊接多个焊点）方式时，通常对于每对焊极都配置一个变压器，以避免因为焊接表面、厚度和压力不同导致通过每个焊点的电流不一致的问题。

单面点焊时，电极由工件一侧向焊接处馈电，工件另一侧电极接触面积加大，电流密度减少。

MIG（Metal–Inert Gas，惰性气体）焊接正好相反，使用惰性气体，例如氩气（Ar）或氦气（He），通常为了改善焊接熔滴性能，惰性气体通常含有一定比例的 O_2。

MAG（Metal Active Gas，活性气体）焊接，通常使用 CO_2，电弧作用下 CO_2 分解，进而改善了熔滴性能。因为 CO_2 作为一种主要焊接气体，所以通常称为 CO_2 气体保护焊。这种焊接的优点是可以适应多种金属，例如碳钢、合金钢等。

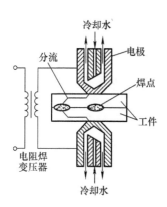
图 1-86 双面点焊

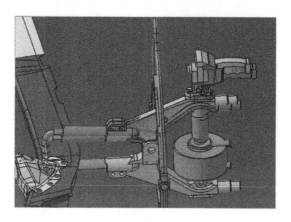
图 1-87 双面点焊

MIG、MAG 焊接设备如图 1-88 所示。

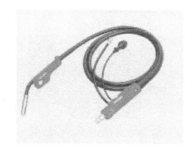

图 1-88 MIG、MAG 焊接设备

螺柱焊接是将螺栓的一端同零件表面接触压紧，电弧作为热源在接触面形成熔池，螺栓和零件在接触面连接在一起的工艺。根据不同的电弧方法，分为普通电弧法和电容储能电弧螺柱焊接法。两种方法都是通电弧加热工件和螺柱并产生熔池，外力将螺柱压入熔池形成焊点的过程。螺柱焊接设备如图 1-89 所示。

图 1-89 螺柱焊接设备

如图 1-90 所示，螺柱焊接定位设备基本部件包括导向套、导向套调整机构、螺柱焊接支撑、绝缘系统、支座和驱动气缸等。如图 1-91 所示，设计时要保证焊接工件、导向套和焊枪之间的位置关系，通常导向套的底部与工件表面的距离应在 5mm 以上。

螺柱焊接的绝缘处理是为了提高焊接质量和效率，通常使用两种方式实现绝缘处理，分别是在焊接处绝缘和支架底部绝缘。焊接处绝缘的优点是可以获得更好的螺柱定位，支架底部绝缘的优点是结构上容易拆卸。

图 1-92 所示是工件底部绝缘的结构，包括绝缘销套、螺栓绝缘套、螺栓垫板和上下绝缘垫板。绝缘材料推荐使用硬度适当的尼龙材料。上绝缘垫板上的螺栓垫板使用钢材，主要功能是保护上绝缘垫板、受力均匀、增加绝缘垫板接触面积。

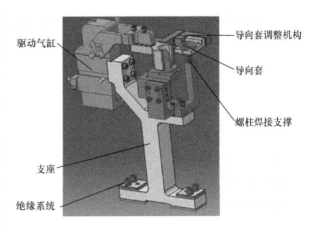

图 1-90　螺柱焊接定位设备

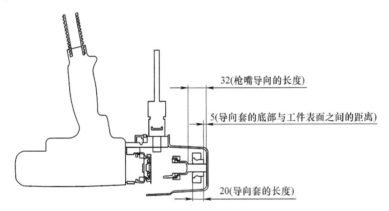

图 1-91　焊接工件、导向套和焊枪之间位置关系

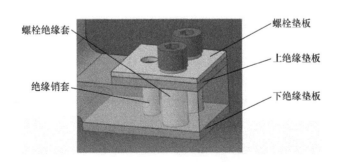

图 1-92　工件底部绝缘的结构

螺栓焊接工装的定位块调整和定位销的调整应根据 GD&T 图纸的定义，通常需要使用激光跟踪仪或关节臂的测量设备辅助安装。通常定位中只控制螺栓安装面的切平面方向，法向方向不需要定位。

螺栓焊接工装的设计需要注意旋转机构，在旋转机构的打开位置不得有干涉，并且对于气缸驱动的活动机构，要注意动作次序。如图 1-93 所示，在螺栓导套的打开方向增加开口，可以避免焊接后的螺柱和导套在旋转打开时发生干涉。

凸焊工艺主要用来焊接低碳钢和低合金钢冲压件。凸焊通常应用在凸焊螺母和螺栓上。同凸焊螺母和螺栓焊接的冲压件厚度一般要求在0.5~4mm内。凸焊设备如图1-94所示。

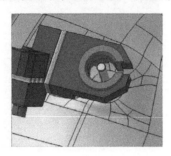
图1-93 螺栓焊接的开口设置

图1-94 凸焊设备

焊接工装的设计需要满足汽车行业的生产要求，包括焊点数量、焊点布置、夹具在车间的布置和车身件的焊接次序等。

2. 焊接工装的定位设计

焊接工装设计的最重要要素是定位销，通常车身零件的定位孔使用圆柱销、菱形销或锥销进行定位。图1-95所示是圆柱定位销的典型设计图样。为了快速装夹零件，通常圆柱定位销的头部是锥型过渡，作为导向使用。定位销的圆柱部分（图中 Z 尺寸）通常要设计成大于冲压件厚度（图中 s 尺寸）3~5mm。在定位销的根部设置圆角或槽来去除应力或装配时的圆角干涉。

定位销一般有3种形式：

（1）固定定位销

焊接工装上通常有两个定位销设置是固定的。三种固定销的装置设置如图1-96、图1-97、图1-98所示。

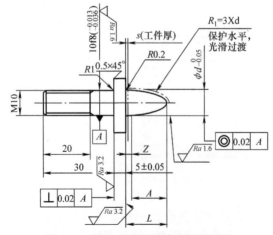

图1-95 圆柱定位销的典型设计图样　　图1-96 固定销1

这三种结构都具有XYZ三个方向的定位调整功能。图1-99所示是固定销的图样设计。销座上的定位孔和安装销的配合公差一般设置为H7/g6。安装销和定位销座的接触高度一般设置为3~5mm，如图1-100所示。

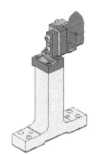

图 1-97 固定销 2

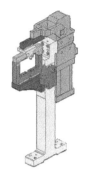

图 1-98 固定销 3

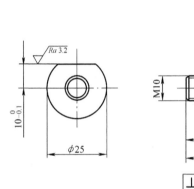
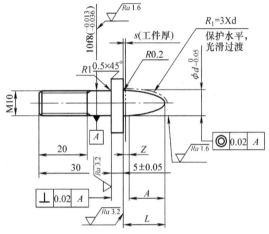

图 1-99 固定销的图样设计

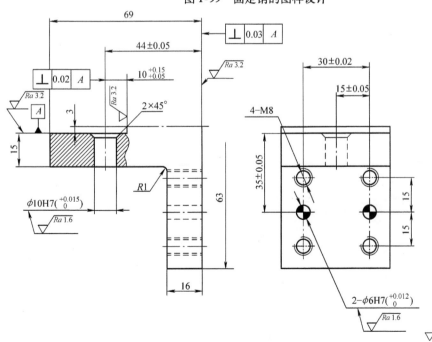

图 1-100 定位销座

（2）可伸缩定位销

可伸缩定位销的设置目的是为了使冲压件在焊接后易于拿取。通常焊接总成具有两个以上定位销时，保留两个定位销为固定销，其他定位销设置为可伸缩形式。图 1-101 所示为可伸缩定位销在纵梁上的布置方法。

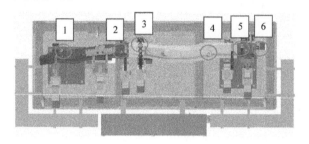

图 1-101　焊接工装上的 6 个定位销（定位销 1 和 4 是固定的，其他定位销设置为可伸缩形式）

另一种情况是当工件的定位销同基座成一定的角度，如图 1-102 所示。焊接工件的定位销与焊接工装底座平行，为了能够装卸零件，定位销设置为可伸缩结构或移动翻转机构。图 1-103 所示是 3 种类型的可伸缩定位销。

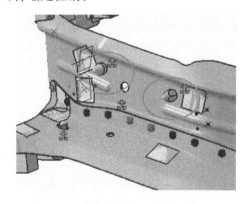

图 1-102　定位销平行于焊接工装基座

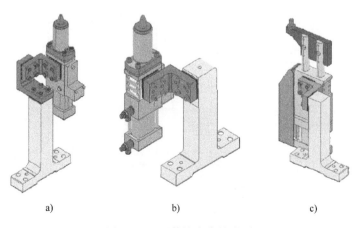

图 1-103　可伸缩定位销类型

可伸缩定位销典型图样如图 1-104 所示。

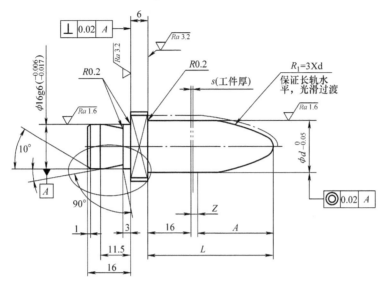

图 1-104　可伸缩定位销典型图样

定位销可使用销的台阶面作为工件的支撑面（一般不建议），但需要设计足够大的台阶面满足支撑要求。当定位销的台阶面不用作工件的支撑面，需要在设计上保证工件表面和定位销台阶面之间至少有 5mm 距离，如图 1-105 所示的 D 尺寸。

（3）导向销

导向销通常设置在翻转机构上，如图 1-106 所示。通常工件都是通过定位孔从工件下方进行定位，导向销用于特殊情况，例如翻转机构从工件的定位孔上方进行定位操作。

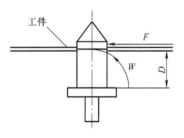

图 1-105　定位销的台阶面和工件的最小距离 D

导向销可以直接随翻转机构旋转到定位孔，设计时为了避免定位干涉，要注意翻转机构的旋转轴和工件的定位孔在一个平面内。

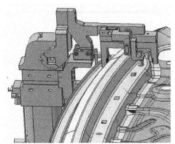 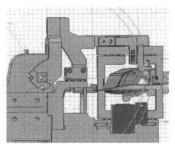

图 1-106　翻转机构的导向销结构

翻转机构的选择轴线同测量点的相互位置导致的干涉情况如图 1-107 所示。

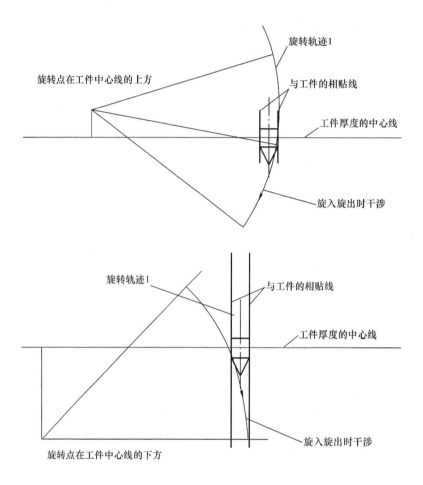

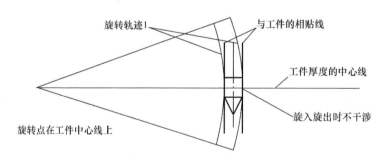

图1-107 旋转点在工件的下、上、中心线位置上的干涉情况

如图1-108所示，尺寸A是翻转机构打开到C点时的高度，d是导向销在打开位置同定位孔之间的距离，B是打开位置到C时导向销到旋转轴的距离，C是翻转机构旋转的位置，用来验证干涉的轨迹。可以得到如下公式：

$$d = C - B$$
$$C^2 = B^2 + A^2$$

假设工件的定位孔直径比导向销要大0.2mm，那么$d = 0.1$mm（单边），

$$C = B + 0.1$$

代入后可得，$(B+0.1)^2 = B^2 + A^2$

假设按照翻转机构打开在工件中心面上 3~5mm 时，即 $A=3$mm 时，$B=45$mm；$A=4$mm 时，$B=80$mm；$A=5$mm 时，$B=125$mm。考虑到限位块安装和装配误差的调整，B 的安全值应该大于 150mm。

图 1-109 所示是一种典型的可伸缩定位销支撑设计。因为气缸使用的材料是铝，如果定位销需要多次调整，不可避免会损坏气缸定位块上的位置销孔。可行的办法是将气缸增加一个调整块连接定位销的支撑，结构如图 1-110 所示。

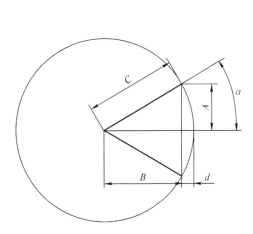
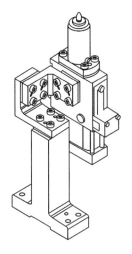

图 1-108　导向定位销的轨迹原理图　　图 1-109　一种典型的可伸缩定位销支撑设计

图 1-111 所示是压块式结构，增加了支撑定位，这种设计的压块要注意保证压块和定位销的柱面至少有 3mm 的间隙。为了保证焊接的通过性，结构设计必须紧凑，一般会使用伸缩花瓣形紧凑型销的结构。

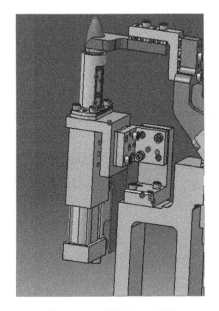

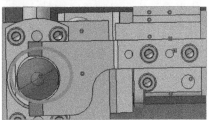

图 1-110　调整块的应用　　　　　　　图 1-111　压块式结构

定位支撑的结构分为定位块和压紧块两部分，同时作用于工件 GD&T 图样定义基准目标上（RPS、ASP 或 PLP 定位点）。与定位销一样，定位支撑也是焊接工装的主要组成部分，定位支撑面如图 1-112 所示。

定位支撑的设计要同时满足 GD&T 图样的位置要求和焊接要求，例如焊接的夹紧力要求和不能干涉焊枪操作。图 1-113 所示是定位块在结构上避免和焊枪干涉的设计，支撑方向避开了焊点位置（蓝色原点见彩插）。

图 1-114 所示是翻转机构设计原理图，设计时要考虑翻转机构运动轨迹的干涉情况。为了达到紧凑结构设计目的，D_1 越小越好。图 1-114 中，Q 为定位夹紧应力产生的扭矩，F_1 为夹紧应力，F_2 为定位压块同工件之间的摩擦力，理想状态的定位 F_2 应该为 0N。

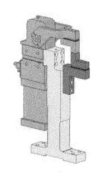

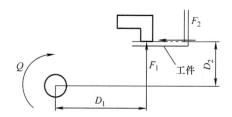

图 1-112　定位支撑面　　图 1-113　定位块布置尽量避开焊枪操作位置　　图 1-114　翻转机构设计原理图

根据内应力的平衡原理：

$$Q = F_1 D_1 + F_2 D_2$$

从这个等式可以看出，摩擦力 F_2 产生的扭矩越大，在 D_1 不变的情况下，产生的夹紧力 F_1 越小。为了获得充分的夹紧力，F_2 和 D_2 越小越好。

图 1-115 所示的定位支撑使用两个支撑面，为了避免出现图纸的摩擦分力，增大压紧力，两个定位面的压紧块压力要尽可能方向一致，大小相等。为了使不同的压紧面产生相同的压紧力，应该遵循夹紧点到旋转轴线的夹角相等的原则，使不同高度的夹紧面获得尽可能相等的夹紧力。

可以通过连接两个压紧点连线方式粗略设计旋转轴的位置，如图 1-116 所示。

定位支撑结构也必须是可调的，以适应可能的设计更改、安装误差、零件误差和设备的磨损。单向定位支撑因为只控制一个支撑方向，所以只需调整一个方向，调整的方向同图样的定位方向要一致，如图 1-117 所示。

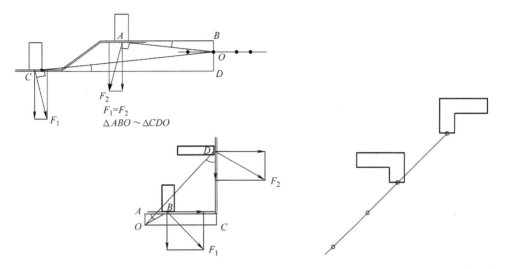

图 1-115 不同定位支撑设置的受力分析　　图 1-116 压紧点连线确定旋转轴的位置

如果是拐角支撑定位或定位面有角度倾斜时（相对于车身坐标系方向），在结构上定位了两个方向，需要两个调整结构才能实现充分位置调节，如图 1-118 所示。

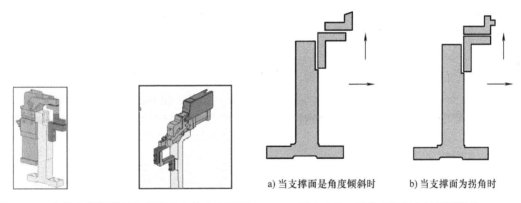

图 1-117 定位支撑调整结构设计在定位方向可调　　图 1-118 拐角支撑定位的调节结构

因为焊接工装工作环境恶劣和夹紧次序复杂，为了提高焊接质量和效率，焊接工装设计应该尽可能使用气缸驱动夹紧，使用 PLC 控制顺序化的重复性动作。可以从商品手册中选择合适的驱动气缸产品系列参数，例如驱动气缸的工作行程，包括直线行程和旋转行程。图 1-119 所示是直线驱动气缸转化为旋转行程的原理图。直线驱动气缸的直线工作行程为 X，需要实现 Y 度角的旋转行程，起点到旋转轴线的距离为 Z。

那么 X 和 Y、Z 有如下换算公式：

$\because \tan(Y_1) = X_1/Z, \therefore Y_1 = \arctan(X_1/Z)$

$\because \tan(Y_2) = (X-X_1)/Z, \therefore Y_2 = \arctan[(X-X_1)/Z]$

$Y = Y_1 + Y_2 = \arctan(X_1/Z) + \arctan[(X-X_1)/Z]$

如设 $X = Z$，可知当 $X_1 = X/2$ 时，Y 有最大值，

$$\arctan(X_1/Z) = \arctan[(X-X_1)/Z]$$

那么这个直线驱动气缸的开角最大可以达到：

$$Y_{max} = 2 \times \arctan(1/2) = 2 \times 26.5° = 53°$$

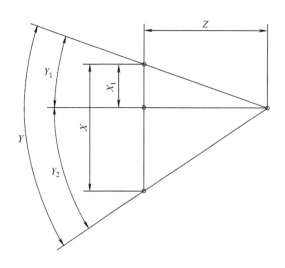

图 1-119　直线气缸驱动行程转化旋转行程原理图解

考虑到定位块的磨损和焊接工装装配的误差等，需要对上面的函数补偿一定的余量，一般经验是将气缸的直线行程预留 5~10mm，例如计算的公式调整为 $X-5$，那么垂直距离 $X_1 = (X-5)/2$ 计算后的结果为直线气缸行程的最大打开角。

限位装置在焊接工装中也非常重要，限位块接触面方向和旋转轴的连线的角度不应该超过 90°。图 1-120 所示是夹紧装置的限位块方向设置。图 1-121、图 1-122 是当连线是正交的情况下的推荐设置方法。限位装置的接触面积取决于翻转机构的动量，动量越大，接触面积越大。

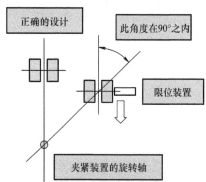

图 1-120　夹紧装置的限位块方向设置

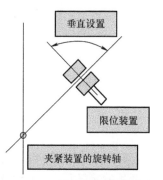

图 1-121　夹紧装置的推荐设置

ACE 缓冲限位的原理如图 1-123 所示。

图 1-124 中的 F 代表限位块的综合受力，这个力可以分解为 F_1 和缓冲块受到垂直力 F_2，三个力的相互关系如下：

$$F_1 = F\cos\alpha, F_2 = F\sin\alpha$$

F_2 作为限位装置的功能应该越大越好，当 $\alpha = 90°$ 时，F_2 最大。

图 1-122　直接在工装上设置限位装置的方法

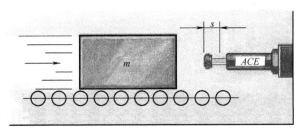

图 1-123 ACE 缓冲限位的原理

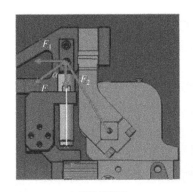
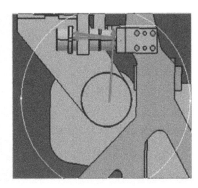

a) 错误的例子　　　　　　　b) 正确的例子

图 1-124 旋转机构的限位装置的位置设置方法分析

ACE 旋转缓冲装置原理如图 1-125 所示。

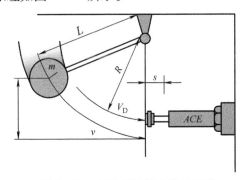

图 1-125 ACE 旋转缓冲装置原理

设计焊接工装的步骤可以总结为：

1）零件图纸的 GD&T 定位信息定义。
2）紧凑地设计定位块和压紧块，确定翻转机构的选择轴。
3）设计标准支架。
4）工装的配合公差设计和 2D 图纸。

第二节　机加工零件设计

一、轴类零件的设计

轴是比较典型的机加工零件，作为动力传递的部件，广泛应用于汽车零部件中，例如发动机、变速器等。轴类零件主要通过旋转加工而成，截面为圆形，为了和齿轮、轴承、密封圈、带轮、弹簧垫圈等安装，轴上会有键槽、花键、孔等特征结构，这些结构综合影响了轴的强度和疲劳寿命。

轴类零件的设计包含以下内容：
1）材料。
2）结构布置。
3）静态强度。
4）疲劳强度。
5）弯曲挠度。
6）扭转刚性。
7）轴承的锥度配合。
8）短轴的横向载荷剪切刚度。
9）振动分析。

轴的整体尺寸的定义来自于关键位置点的强度，由强度要求确定了关键位置的尺寸后，按照支撑要求设计轴的其他位置尺寸。轴的刚性在结构尺寸确定后才可以进行分析，强度分析是轴的局部尺寸分析，刚性是轴的整体结构分析，因此轴的设计都是先强度分析，后刚性分析。

二、轴的材料选择

轴类零件的挠度是轴的重要性能之一，挠度不是由材料的强度决定的，而是由材料的弹性模量决定的。因为同一材料，例如钢材的弹性模量几乎相同，而挠度主要由轴的几何形状决定的。

材料和热处理会影响轴的强度，常用的轴类材料有低碳钢、冷拉或热轧钢，钢的牌号例如20#或50#。轴的设计通常从低成本的中低碳钢开始设计，如果挠度满足，强度不满足，考虑使用强度更高的材料，同时轴的尺寸可以减小到刚性恰好满足挠度要求。

直径尺寸在75mm以内的轴通常使用冷拔钢棒料，并且在不需要配合的部分，不需要进行再次加工。但是热轧钢需要将毛坯面全部加工。对于大尺寸的轴加工，需要去除大量材料，因此导致的残余应力会使轴弯曲，解决办法是对轴先进行粗加工，然后进行热处理去除残余应力并增加强度，最后精加工获得要求精度的零件。

考虑到加工的经济性，减少加工余量，轴的加工材料通常采用锻造件和铸造件。

三、轴的布置

轴在布置之前需要确认支撑的轴承和传递力的齿轮或带轮，然后进行受力分析，完成计算轴的截面尺寸。以下内容会有手动计算的介绍，目的是为了让读者了解影响轴的结构尺寸的关键参数，以便了解 CAE 模拟原理和重要参数的设置。目前 CAE 辅助设计可以让工程师从大量的计算中解脱出来，甚至不需要深入掌握力学计算知识也能完成设计工作，使设计者能够集中精力到产品功能设计上。但是对于力学参数和原理的了解有助于设计者快速有效地优化产品性能，减少设计更改次数。为了提高设计效率，设计的产品初始参数要尽可能接近产品的最优性能，减少后期系统 CAE 工程师的分析次数，这有助于缩短设计周期，所以要求设计者能够掌握基本的手动计算以完成产品的概念设计。对于系列产品和模块化的产品设计，设计者可以根据本章节方法制作计算工具进行快速的概念草图设计，然后进行CAE模拟优化也是一种高效的工作方法。

图1-126是轴的布置到结构过程示意图。先确定传递力的齿轮等的位置和轴的支撑位置，然后根据齿轮和轴承的装配确定结构，最后由轴受到的载荷确定轴的直径。

a) 轴的结构　　　　　　　　　　　　b) 轴的设计

图1-126　轴的布置到结构过程

图1-127是轴承手册推荐的轴肩高度和配合倒角手册，通常轴肩的比例 D/d 在 1.2 ~ 1.5。为了防止轴承和轴肩的装配干涉，轴承的配合倒角和轴肩的内拐角倒角值关系：$r_a \geqslant r$（或 r_1）。

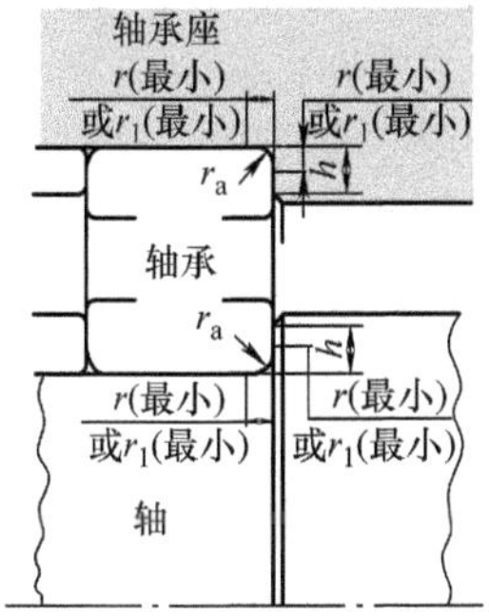

单位：mm

内圈或外圈的倒角尺寸 r(最小) 或 r_1(最小)	挡肩圆角的半径 r_a(最大)	轴或轴承座	
		挡肩的高度 h(最小)	
		深沟球轴承(1) 调心球轴承 圆柱滚子轴承(1) 实体滚针轴承	向心推力球轴承 圆柱滚子轴承(2) 调心滚子轴承
0.05	0.05	0.2	—
0.08	0.08	0.3	—
0.1	0.1	0.4	—
0.15	0.15	0.6	—
0.2	0.2	0.8	—
0.3	0.3	0.1	1.25
0.6	0.6	2	2.5
1	1	2.5	3
1.1	1	3.25	3.5
1.5	1.5	4	4.5
2	2	4.5	5
2.1	2	5.5	6
2.5	2	—	6
3	2.5	6.5	7
4	3	8	9
5	4	10	11
6	5	13	14
7.5	6	16	18
9.5	8	20	22
12	10	24	27
15	12	29	32
19	15	38	42

图1-127　轴承的安装定位轴肩推荐值

为了传递转矩，轴上可能加工键槽，这些键槽应该布置在同一个中心参考面上，如图1-128所示。

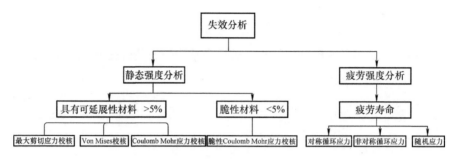

图1-128　键槽应该布置在同一个中心参考面上

四、疲劳设计理论

对于机加工零件设计，更多的是关于零件的静态强度和疲劳分析。疲劳分析对于产品设计非常重要，不同材料和结构的零件组装在一起，显然最薄弱的零件决定产品的疲劳寿命长度，对于未到达寿命点的其他零件来说是设计浪费。工程师必须能够平衡产品中的所有零件的寿命设计，成本和功能才能达到用户最佳体验。

这里以轴的疲劳分析和优化过程来说明整个疲劳计算过程，疲劳寿命的计算和原理复杂繁琐，这在以前都是手动计算或者由交给专门的CAE分析工程部门分析结果，这无疑会导致设计时间延长。幸运的是CAE辅助软件的普及可以使结构工程师在完成设计后直接进行受力分析。

本书只介绍一些简单的疲劳寿命的算法和理论知识，这些知识足够应用于CAE分析，理解CAE在后台的算法和参数，以便设计者作出有效的分析和优化。本书的最终目的是建议设计者使用CAE来对比分析结果，并且因为必要的基本计算能力，提高工程师的估计能力，例如能够准确估计疲劳寿命设计要求的尺寸和载荷，进而高效地完成初始设计，减少设计循环。

通常对于疲劳强度的设计条件和解决的问题如下：一个抛光旋转梁试样受到纯弯矩，材料4130合金钢，疲劳极限S_e是42ksi，$f=0.77$，抗拉强度$S_{ut}=95$ksi，并且：

1）试样在$N=10^5$循环的疲劳强度$S_f=50.5$ksi。

2）在60ksi的往复应力下期望寿命$N=11790$。

试分析：

1）在往复应力50ksi作用下，样件是否有无限寿命？

2）在往复应力60ksi作用下，样件能够经受10^6次循环？

3）样件能够经受往复应力45ksi至少10^5次循环？

解决以上问题需要了解失效分析原理。失效分析原理分两类——静态强度分析和疲劳强度分析，以下是分析流程。

静态受力分析有如下特点：

1）载荷保持常量。

2）变形/屈服。

3）屈服强度。
4）分析理论完善。

疲劳失效一般起始于零件上不连续的点上，例如横截面变化、花键、孔处的应力集中点，或发生在滚动或滑动接触点上，或发生在工件的裂缝、冲压标识上，或来自于材料的空隙、夹杂物。在机械载荷和热力学作用下失效，例如轴向受力、弯曲受力、扭转、组合载荷以及温度波动应力等。对于疲劳分析的理论目前还处于研究阶段，不同于静态实效分析有充分的理论依据。在变应力循环作用下，机械零件的失效强度通常小于材料的抗拉强度，先于达到静态失效应力强度前失效，所以作为受到变化应力零件的失效强度计算以疲劳强度为阈值。

疲劳分析要注意下列问题：
1）突然性/灾难性。
2）在屈服强度之下失效。
3）计算过程复杂、结果变差大。
4）研究理论还不完善。
5）实验的零件数据结果同实际零件结果会有不同。
6）结果是一种保守估计。
7）需要实际零件实验验证。

疲劳失效分析有如下特点：
1）载荷随时间变化的特点。
① 循环交变。
② 波动。
③ 随机变化。
2）突然性/灾难性。
3）在屈服强度之下失效。
4）复杂、变差大。
5）分析理论不完善。

疲劳分析是根据 $S-N$ 曲线分析寿命，如图 1-129 所示，是关于应力（反复作用载荷）、强度（阻止失效）和时间（强度随时间变化）的可靠性模型。S（stress）代表应力，N（number）代表循环次数，通常 $S-N$ 曲线分析的问题包括：
1）零件的疲劳寿命是多少？
2）零件还剩余多少使用寿命？
3）零件失效前还能够经受多少次循环？
4）到达零件预定寿命循环次数的材料强度（或疲劳应力）是多少？

图 1-130 所示是疲劳分析中不同的载荷形式。区别这些不同的循环应力，通常使用应力振幅和应力中值两个参数。

图 1-131 所示是 R. R. Moore 疲劳试验台，材料的标准光滑试样由电动机驱动旋转，同时受到重力载荷来模拟对称循环应力，然后依据这个试样的试验结果创建 $S-N$ 曲线，确定这种材料在不受结构集中应力的影响下的标准疲劳极限，然后根据这个 $S-N$ 曲线计算这种试样材料在不同加工条件、变循环载荷和不同产品结构下的修正疲劳极限 S'_e，以及疲劳寿命 N。这个试验假设同种试验材料的内部缺陷（例如空隙、夹杂等）是一致的。

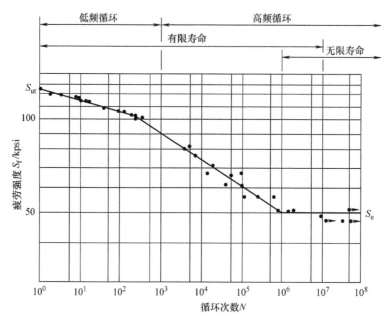

图 1-129　S-N 曲线

图 1-132 疲劳寿命曲线的不同范围将零件的疲劳特征范围划分为低频循环（≤10^3次）和高频循环（>10^3次），有限疲劳寿命和无限疲劳寿命。从循环次数 N_0 起，S-N 曲线呈水平状态，意味着零件永远不会疲劳断裂。此时 N_0 对应的应力 S_e 被称为疲劳极限，这个疲劳极限应力之下的应力作用，零件可以承受无限寿命。无限寿命是一般钢材具有的特点。

通过标准试样疲劳试验确认了 S-N 曲线之后就可以进行疲劳寿命的估计，可以解决的问题通常如下：

1）在特定的循环应力作用下，零件剩下多少循环次数？

2）零件在失效前能够经受多少次循环？

需要注意的是，这种方法估计的疲劳寿命有很大的变差，通常通过调整安全系数方法来解决，并且需要一定数量的实际零件进行物理试验验证。工程师评估所设计零件的寿命是一种高级的设计技术，因为各国排放法规严格，汽车产品尤其是发动机产品的轻量化设计变得越来越重要，精确计算零件的疲劳强度是零件减重的直接方法。目前市场上关于疲劳寿命的分析工具非常多，例如 CATIA、Solidworks、UG、Pro/E、Inventor 等 3D 软件都集成了疲劳分析功能，实现了工程师从 3D 数据创建到初始强度分析一体化的设计模式。这个模式鼓励在系统疲劳有限元分析之前，零件设计工程师自行对自己设计产品的疲劳初始分析，以减少系统工程师分析结果不佳进行多次循环更改的时间消耗。

估计疲劳寿命的公式如下（循环应力条件，即图 1-130f 条件）：

疲劳应力计算：
$$S = aN^b$$

疲劳寿命计算：
$$N = \left(\frac{\sigma_{\text{rev}}}{a}\right)^{\frac{1}{b}}$$

其中，

第一章 结构设计

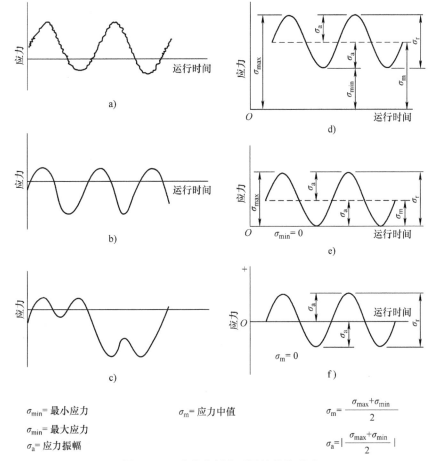

σ_{min} = 最小应力
σ_{min} = 最大应力
σ_a = 应力振幅

σ_m = 应力中值

$\sigma_m = \dfrac{\sigma_{max}+\sigma_{min}}{2}$

$\sigma_a = \left| \dfrac{\sigma_{max}+\sigma_{min}}{2} \right|$

图 1-130 疲劳分析中不同的载荷形式

$$a = \dfrac{(f\sigma_b)^2}{S_e}$$

$$b = -\dfrac{1}{3}\lg\left(\dfrac{f\sigma_b}{S_e}\right)$$

式中 S——疲劳应力；
S_e——零件的疲劳极限；
N——应力循环次数（疲劳寿命）；
σ_{rev}——对称循环应力载荷；
σ_b——试样抗拉强度（查询材料手册）；
f——在 10^3 次循环时的疲劳强度系数（通过图 1-133 疲劳强度系数 f 曲线得到）。

图 1-131 R. R. Moore 疲劳试验台

零件的 S_e 疲劳极限的结果需要根据理想光滑试样的 S_e' 计算得出，通常 S_e' 可以通过材料的抗拉强度 σ_b 估算，估算公式可以看出，S_e' 大约是静态抗拉强度的一半，疲劳断裂通常发生在静态强度失效之前。

$$S_e' = \begin{cases} 0.5\sigma_b & \sigma_b \leq 200\text{kpsi} \\ 100\text{kpsi} & \sigma_b > 200\text{kpsi} \\ 700\text{MPa} & \sigma_b > 1400\text{MPa} \end{cases}$$

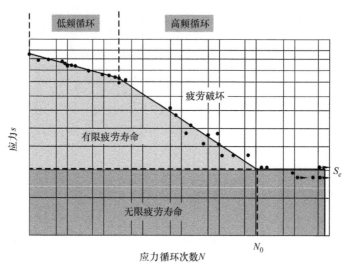

图 1-132　疲劳寿命曲线的不同范围

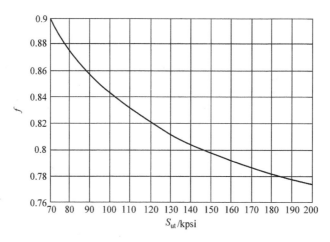

图 1-133　疲劳强度系数 f 曲线

而 S_e 的估算是通过马林（Marin）公式参数计算，公式如下：

$$S_e = k_a k_b k_c k_d k_e k_f S_e'$$

式中　k_a——表面修正系数；

　　　k_b——尺寸修正系数；

　　　k_c——载荷修正系数；

　　　k_d——温度修正系数；

　　　k_e——可靠性系数；

　　　k_f——其他原因系数；

　　　S_e'——实际零件的疲劳极限。

马林参数是由工程师约瑟夫·马林发明，这种计算方式被众多疲劳分析软件算法采用（见表 1-7）。这些参数的确定方法如下：

表面修正系数：$k_a = a\sigma_b^b$

表 1-7 马林参数

表面处理工艺	参数 a σ_b/kpsi	参数 a σ_b/MPa	参数 b
磨	1.34	1.58	-0.085
机加工或冷拔	2.70	4.51	-0.265
热轧	14.4	57.7	-0.718
锻造	39.9	272	-0.995

表面加工越光滑，产生疲劳缺陷的诱因就越低，抵抗疲劳断裂的能力就越强。

尺寸修正系数（当受到弯矩和扭矩载荷时）：

$$k_b = \begin{cases} (d/7.62)^{-0.107} = 1.24 d^{-0.107} & 2.79\text{mm} \leqslant d \leqslant 51\text{mm} \\ 1.51 d^{-0.157} & 51\text{mm} < d \leqslant 254\text{mm} \end{cases}$$

当受到拉应力载荷时，无尺寸效应：

$$k_b = 1$$

载荷修正系数：$k_c = \begin{cases} 1 & 弯矩 \\ 0.85 & 轴向载荷 \\ 0.59 & 扭矩 \end{cases}$

温度修正系数：

$$k_d = 0.957 + 0.432(10^{-3})T_F - 0.115(10^{-5})T_F^2 + 0.104(10^{-8})T_F^3 \\ - 0.595(10^{-12})T_F^4 \ (70\text{°F} \leqslant T_F \leqslant 1000\text{°F})$$

可靠性系数：$k_e = 1 - 0.08 Z_a$

可靠性系数相关取值见表 1-8。

因为零件的不规则结构例如孔、槽和切口等破坏了材料的连续性，在这些结构位置附件产生了应力集中，原来的载荷应力产生了放大效应，评价疲劳寿命首先应该确定这些"最脆弱"的位置，并且评价载荷应该使用这个集中应力。

表 1-8 可靠性系数相关取值

可靠性(%)	可靠性系数 Z_a
50	0
90	1.288
95	1.645
99	2.326
99.9	3.091
99.99	3.719
99.999	4.265
99.9999	4.753

应力集中点的最大应力估算：

$$\sigma_{\max} = K_f \sigma_{rev}$$

式中 $\sigma_{\max}$——应力集中点最大应力；

σ_{rev}——零件的循环载荷计算应力；

K_f——应力集中系数。

应力集中系数：

$$K_f = 1 + q(K_t - 1)$$

$$q = \frac{1}{1 + \frac{\sqrt{a}}{\sqrt{b}}}$$

当受到弯矩和轴向载荷时，

$$\sqrt{a} = 0.246 - 3.08 \times 10^{-3} \sigma_b + 1.51 \times 10^{-5} \sigma_b^2 - 2.67 \times 10^{-8} \sigma_b^3$$

当收到扭矩载荷时，

$$\sqrt{a}=0.910-2.51\times10^{-3}\sigma_b+1.35\times10^{-5}\sigma_b^2-2.67\times10^{-8}\sigma_b^3$$

根据以上参数,即可完成疲劳寿命的计算。在 CAE 软件关于疲劳寿命的计算数学模型中,通常根据实际零件的结构自动评估参数,但是其中一些参数也需要设计者针对材料进行调整,所以了解这些参数的意义对于快速准确地计算产品的疲劳寿命很有必要。

案例分析一: 一根台阶钢轴(抗拉强度 $\sigma_b=690$ MPa)受到弯矩载荷,连接轴(32mm $<\phi<38$ mm)的台肩圆角 $r=3$ mm,假设台阶轴的疲劳极限 $S_e=280$ MPa,当外部载荷为正应力循环载荷 $S_{rev}=260$ MPa,评估此轴的疲劳寿命(循环次数)。

分析步骤:

1)评估应力集中系数 K_f:

根据图 1-134,$\sigma_b=690$ MPa,$r=3$ mm,查询参数 $q\approx0.84$。

根据图 1-135,$D/d=38/32=1.1875$,$r/d=3/32=0.09375$,查询 $K_t\approx1.65$。

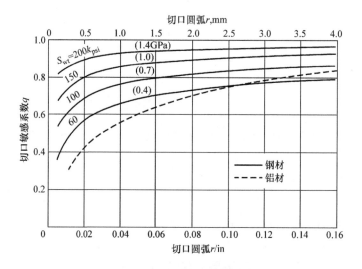

图 1-134 参数 q 的查询

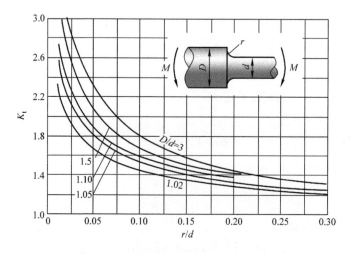

图 1-135 弯矩作用下圆棒轴的 K_t 查询

$$K_f = 1 + q(K_t - 1) = 1 + 0.84(1.65 - 1) = 1.55$$

2) 台肩圆角 r 处最大集中应力计算:

$$\sigma_{max} = K_f \sigma_{rev} = 1.55 \times 260 = 403 \text{MPa}$$

3) 查询参数 f, 根据图 1-133 疲劳强度系数 f 曲线, $f = 0.845$。

4) 计算零件的疲劳寿命: 根据公式疲劳寿命计算,

$$N = \left(\frac{\sigma_{rev}}{a}\right)^{\frac{1}{b}}$$

$$a = \frac{(f\sigma_b)^2}{S_e} = \frac{0.845 \times 690}{280} = 1214 \text{MPa}$$

$$b = -\frac{1}{3}\lg\left(\frac{f\sigma_b}{S_e}\right) = -\frac{1}{3} \times \lg\left(\frac{0.845 \times 690}{280}\right) = -0.1062$$

$$N = \left(\frac{\sigma_{rev}}{a}\right)^{\frac{1}{b}} = \left(\frac{403}{1214}\right)^{1/-0.1062} = 32.3 \times 10^3 \text{ 次循环}$$

案例分析二: 轴的疲劳寿命计算分析

如果轴的材料选用为 AISI 1045, 按照机械设计手册的材料参数, 抗拉强度为 $\sigma_b = 625 \text{MPa}$, 倒角默认全部为 $r = 3\text{mm}$, 试分析该轴的疲劳寿命。

Solidworks 分析的 B 和 C 截面处的应力如图 1-136 所示, 以及在不同过渡半径设计值下 (初始值为 $r = 3\text{mm}$) 的应力集中情况见表 1-9, 过渡半径 r 越小, 应力越大, 当 $r = 1\text{mm}$ 时主应力最大, 为 248.71MPa。当 $r = 3\text{mm}$ 时, 主应力最小, 为 211MPa。对比 C 点, 因为远离轴径轴肩位置, 所以应力几乎没有变化。这是 CAE 软件对于应力集中自动计算的演示, 节省了大量计算精力, 工程师可以

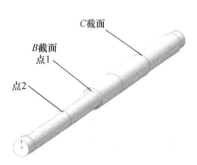

图 1-136 B、C 截面的位置, 点 1、点 2 的应力研究位置

将精力集中在产品的性能设计上, 可以大大减少开发时间, 而且设计的可靠性增加。

表 1-9 Solidworks 有限元模拟的受力分析表

参考点	单位	当前	情形 1	情形 2
B 处半径	mm	3	1.2	2.5
B 点处应力 1	MPa	211.37	248.71	223.19
C 点处应力 2	MPa	120.95	120.77	120.99

通过图 1-137 所示的力矩图可以判断出轴上台肩处 B 点是应力集中点, 相对于 C 点应是该轴最脆弱的点, 所以按照 B 点进行疲劳分析。

计算过程是先按照图 1-137 计算 B 点受到的最大应力作为疲劳分析的极限载荷应力 σ, 然后根据应力集中系数 K_f 计算轴在 B 点台肩处最大循环载荷应力 σ_{rev}, 最后可以计算轴的寿命 (B 点处的失效循环次数), 过程如下:

1) 按照平衡力矩和平衡力的原理,

$$\sum M = 0$$

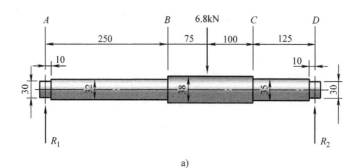

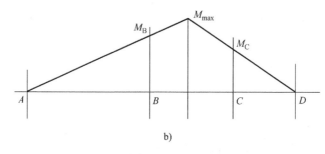

图1-137 轴的受力分析，B 截面处受最大弯矩 M_B，所以是受最大应力处

$$\sum P = 0$$

所以

$$R_A L_B = FL$$

可得

$$R_A = \frac{6800\text{N} \times 225\text{mm}}{550\text{mm}} = 2781.818\text{N}$$

$$M_B = R_A L_B = 2781.818\text{N} \times 250\text{mm} = 695.5\text{N} \cdot \text{m}$$

2）估算应力集中系数 K_f 可以按照上例用经验图表估算，也可以使用公式方法，但是 K_t 仍然需要查图1-135。设计者应该知道这些关键计算参数的意义，这些参数很可能是企业投入巨大试验成本或历史试验、售后数据等按照自己产品的材料特点进行调整，以期望设计生产出超越竞争对手的产品，所以理解这些参数对于疲劳分析结果的影响非常重要，可为正确地优化最轻量化的轴做准备。另一方面，如果知道哪些参数对于疲劳结果影响显著，设计者就可以把试验成本压缩到最小，而不是盲目地通过试验筛选众多参数因子。

因为 $D/d = 38/32 = 1.1875$，$r/d = 3/32 = 0.09375$，通过图1-135可以查得

$$K_t \approx 1.65$$

$$K_f = 1 + \frac{K_t - 1}{1 + \sqrt{a/r}}$$

$\sqrt{a} = 0.246 - 3.08 \times 10^{-3} \sigma_b + 1.51 \times 10^{-5} \sigma_b^2 - 2.67 \times 10^{-8} \sigma_b^3$（此处的 σ_b 单位是 ksi）

可得 $\sqrt{a} = 0.07099 \sqrt{\text{in}} = 0.357 \sqrt{\text{mm}}$

$$K_f = 1 + \frac{1.65 - 1}{1 + 0.357/\sqrt{3}} \approx 1.54$$

按照弯矩的应力计算公式，惯性矩 $I/c = \dfrac{\pi d^3}{32} = \pi \times \dfrac{32^3}{32} = 3.217 \times 10^3 \text{mm}^3$，轴是旋转状态，产生循环应力

$$\sigma_{\text{rev}} = K_f \sigma = K_f \dfrac{M_B}{I/c} = 1.54 \times \dfrac{695.5}{3.217} = 332.9 \text{N/mm}^2 = 332.9 \text{MPa}$$

比较表1-9中的Solidworks的模拟值是211.37MPa，手动计算的结果（332.9MPa）偏大一些，原因是各种手册上设置的参数比较保守，设计者可以按照实际试验状态调整到合适的值，$\sigma_b = 625 \text{MPa}$。

3）标准材料试样的极限疲劳应力是：$S'_e = 0.5 \times 625 = 312.5 \text{MPa}$

根据修正系数公式：

$$k_a = 4.52 \times 625^{-0.265} = 0.821$$
$$k_b = (32/7.62)^{-0.107} = 0.858$$

假设95%的可靠性：$k_e = 1 - 0.8 Z_a = 1 - 0.88 \times 1.645 = 0.8684$

其他参数：$k_c = k_d = k_f = 1$，可以得到该轴的极限疲劳应力为：

$$S_e = 0.821 \times 0.858 \times 0.8684 \times 312.5 = 19116 \text{MPa}$$

4）因为 $S_e < \sigma_{\text{rev}}$，所以该轴疲劳寿命有限，需要计算疲劳寿命，按照图1-133疲劳强度系数 f 曲线，根据公式：

$$a = \dfrac{(f\sigma_b)^2}{S_e} = \dfrac{(0.858 \times 625)^2}{191.16} = 1504.31 \text{MPa}$$

$$b = -\dfrac{1}{3} \lg\left(\dfrac{f\sigma_b}{S_e}\right) = -\dfrac{1}{3} \lg\left(\dfrac{0.858 \times 625}{191.16}\right) = -0.1493$$

按照当前的材料和结构，该轴的循环寿命

$$N = \left(\dfrac{\sigma_{\text{rev}}}{a}\right)^{1/b} = \left(\dfrac{332.9}{1504.31}\right)^{1/-0.1493} = 2.4 \times 10^4 \text{ 次循环}$$

疲劳分析的特点是计算的流程长，公式参数多。以上计算需要参考大量的文献资料数据，例如扭矩状态的参数表和不同的材料抗拉强度等，设计者可以在材料文献数据库查询相应材料的参数。

现在可以根据以上计算结果同CAE有限元分析的结果进行比较。

通过图1-138所示的Solidworks疲劳分析图谱可看出，该轴疲劳产生位置在 B 点台肩圆角过渡处，并且在弯矩受力最大的位置。这个趋势与手动计算分析一致。

以Solidworks为典型，进行疲劳分析的步骤如下（对比Solidworks的历史版本，这个流程和命令基本一致）：

1）建立轴的数模。
2）静态算例分析建立。
3）应用材料。
4）设置夹具（轴的装配方式）。
5）添加外部载荷。
6）划分网络。
7）运行算例。

图1-138　Solidworks疲劳分析图谱（红色区域为疲劳应力失效点，见彩插）

8）疲劳分析参数设置。

9）运行算例。

10）新建疲劳分析算例。

11）运行算例。

详细步骤如下：

1）使用Solidworks建立轴数模，各特征尺寸如图1-139建立轴的数模，台肩处的倒圆角取值$r=3$mm。

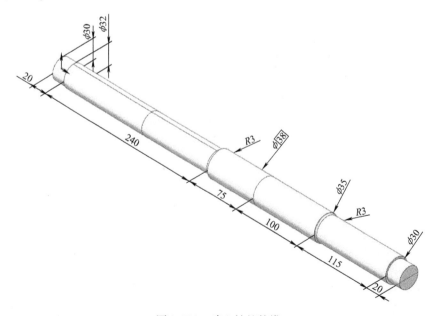

图1-139　建立轴的数模

2)点击新算例按钮,静态算例分析建立如图 1-140 所示。

3)赋予数模分析材料,点击应用材料按钮如图 1-141 应用材料所示,按照分析要求选择材料库中 AISI 1045 冷拔钢,右侧是材料的属性,包含重要的抗拉强度信息(625MPa)和屈服强度(530MPa)信息。Solidworks 软件的材料库可以自定义或编辑,方便设计者输入企业常用材料的参数,进行定制化的分析。

4)夹具设置端设置轴承装配接触固定方式,如图 1-142 所示。

图 1-140 静态算例分析建立　　　图 1-141 应用材料

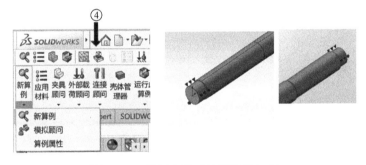

图 1-142 设置夹具(轴的装配方式)

5)如图 1-143 所示,外部载荷需要确定施加在轴上的位置和方向,位置为距 B 截面 75mm 处,载荷为 6800N。

6)自动划分网络,如图 1-144 所示。

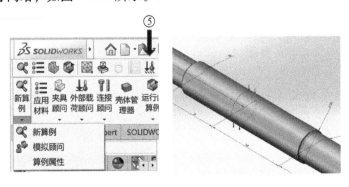

图 1-143 添加外部载荷

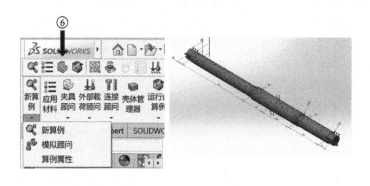

图1-144 自动划分网络

7）如图1-145所示，运行算例进行分析，分析结果显示应力最大的（最脆弱）的点在 B 截面的圆角过渡处，为292.5MPa，要比计算得到的276.7MPa 小，这个需要在试验中对比实际数据分析差异的来源。

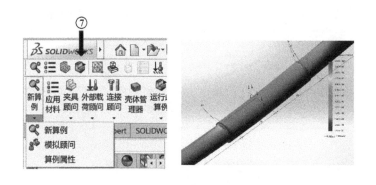

图1-145 运行算例

疲劳分析失效点位置如图1-146中红色区域所示，表明需要继续进行有限寿命分析。图1-147 显示的是疲劳分析详细参数设置，这些系统默认的参数通常需要调整。首先⑧是旋转循环载荷，⑨是疲劳应力参数中的 K_a：表面修正系数，从下拉列表中选择加工表面，系统默认给出的参数是0.93，但是上面计算的是0.821，所以此处需要修改。⑩的选项是关于载荷形式的参数，因为受到的是弯矩，系统自动默认为1，同公式计算载荷系数 K_c 设置相同。⑪是 K_b：尺寸修正系数0.858。

8）图1-148 所示是疲劳寿命的计算模拟输出，为 6.8×10^4 次循环，但是公式计算是 2.4×10^4 次循环，公式计算结果比 CAE 模拟计算的结果输出较严。这是需要后期进行实际零件试验验证的原因，目前的疲劳分析方法还是处于研究阶段，理论还不成熟，这就更需要对于疲劳分析的公式计算、CAE 分析和试验结果的对比。另一个影响 CAE 疲劳分析精度的原因是 CAE 材料库中的 $S-N$ 疲劳特性曲线的精度，如图1-149 所示，企业需要积累试验数据才能获得更精确的结果。

第一章　结构设计

图 1-146　疲劳分析失效点位置（见彩插）

图 1-147　疲劳分析详细参数设置

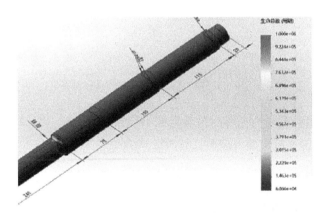

图 1-148　疲劳寿命的计算模拟输出

以上是理想状态的循环对称载荷的疲劳分析计算，实际应用时往往是随机载荷，以上算法对于随机载荷不再适用，需要进一步调整。

以上疲劳计算讨论的计算和 CAE 模拟分析是基于对称循环载荷的条件下成立，如图 1-150a 所示。如果是不对称循环载荷，则如图 1-150b、c 和 d 所示，需要对以上算法作出调整。

图 1-149 AISI 1045 冷拔钢的疲劳特性 $S-N$ 曲线

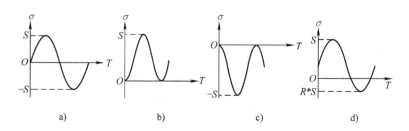

图 1-150 对称循环载荷和不对称循环载荷

描述循环载荷的参数是应力循环对称系数 r，可以作出判断：当 $r=-1$ 时，为对称循环载荷；当 $r\neq -1$ 时，为不对称循环载荷，计算公式为

$$r=\frac{\sigma_{\min}^n}{\sigma_{\max}}$$

式中 $\sigma_{\min}$——循环载荷产生的最大应力；
$\sigma_{\max}$——循环载荷产生的最小应力。

计算循环载荷的疲劳寿命的通常需要使用参数：平均应力 σ_m（或 τ_m）和应力幅 σ_a（或 τ_a）：

$$\sigma_m=\frac{\sigma_{\min}+\sigma_{\max}}{2}$$

$$\sigma_a=\left|\frac{\sigma_{\max}-\sigma_{\min}}{2}\right|$$

这些参数之间的关系可以用 σ_m-σ_a 疲劳极限线图（图 1-151）（只表示拉应力的情况）来表示，Om 代表具有相同载荷比例 r 的射线（Om 斜率），Om 射线同 AB 曲线的交点就是这个比例 r 条件下疲劳极限（σ_m-σ_a），AB 曲线内部代表无限寿命，AB 曲线外侧代表有限疲劳寿命，不同的材料有不同的 AB 特征疲劳极限曲线。以下是 σ_m-σ_a 疲劳极限线图的特殊点。

图中 A 点：$r=-1$，$\sigma_m=0$，$\alpha=90°$，所以为对称循环载荷条件，符号 σ_{-1}。这时候 $\sigma_a=S_e$，不同的材料有不同的疲劳极限 S_e，通常使用材料的 10^6 次循环的疲劳强度代替疲劳极限。

图中 B 点：$r=1$，$\sigma_a=0$，$\alpha=0°$，无变化的载荷，零件受静态载荷，符号 σ_1。这时候 $\sigma_m=\sigma_b$，不同的材料有不同的抗拉强度。

图中 C 点：$r=0$，$\sigma_a=\dfrac{\sigma_0}{2}$，$\sigma_m=\dfrac{\sigma_0}{2}$，$\alpha=45°$，$\sigma_a=\sigma_m$ 零件受脉动载荷，符号 σ_0。σ_0 为脉动循环的材料疲劳极限 S_f。

AB 曲线代表疲劳极限，有 4 种理论形状线，在 CAE 模拟计算参数设置过程中通常会要求选择使用哪个理论线评估，它们的原理如下：

1）古德曼（Goodman）疲劳极限曲线：将 AB 两点用直线连接起来就是古德曼疲劳极限曲线，如图 1-152 所示，用在塑性很低的脆性材料，例如铸铁、高强度钢等。

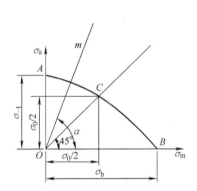

图 1-151 σ_m-σ_a 疲劳极限线图

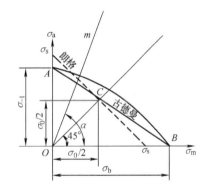

图 1-152 古德曼疲劳极限曲线

修正古德曼疲劳极限公式：

$$\frac{\sigma_a}{S_e}+\frac{\sigma_m}{\sigma_b}=\frac{1}{n}$$

n 为安全系数，当 $n\leq1$ 时，σ_a 和 σ_m 处于修正古德曼曲线上或线内，代表无限寿命；如果 $n>1$，σ_a 和 σ_m 处于修正古德曼曲线外部，也代表有限寿命，需要进一步按照疲劳寿命计算公式求解疲劳寿命。

图 1-152 中的虚线为朗格（Langer）静态屈服极限曲线，连接的两个端点是材料的屈服极限 σ_s，为第一次循环即产生屈服的静态分析曲线边界。古德曼曲线和朗格曲线的共同区域是材料无屈服状态边界。朗格静态屈服极限曲线公式是

$$\sigma_a+\sigma_m=\frac{\sigma_s}{n}$$

同样，n 为朗格（Langer）曲线的安全系数，当 $n \leq 1$ 时，材料为屈服极限之内，不会发生屈服。

2）索德伯格（Soderberg）疲劳极限曲线：图 1-153 所示为索德伯格疲劳极限曲线疲劳极限曲线，公式是

$$\frac{\sigma_a}{S_e} + \frac{\sigma_m}{\sigma_s} = \frac{1}{n}$$

公式中的 n 为安全系数，当 $n \leq 1$ 时，σ_a 和 σ_m 处于索德伯格曲线上或线内，代表无限寿命，如果 $n > 1$，σ_a 和 σ_m 处于索德伯格曲线外部，也代表有限寿命，需要进一步按照疲劳寿命计算公式求解疲劳寿命。

3）戈博（Gerber）疲劳极限曲线：图 1-154 所示是戈博疲劳极限曲线。戈博曲线同古德曼 1 曲线有相同的连接点，但是连线为二次幂函数曲线，比较古德曼曲线的用途，戈博曲线一般应用在塑性材料上，其公式是

$$\frac{n\sigma_a}{S_e} + \left(\frac{n\sigma_m}{\sigma_b}\right)^2 = 1$$

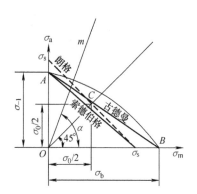

图 1-153 索德伯格疲劳极限曲线

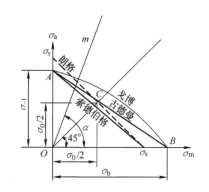

图 1-154 戈博疲劳极限曲线

公式中的 n 为安全系数，当 $n \leq 1$ 时，σ_a 和 σ_m 处于戈博曲线上或线内，代表无限寿命，如果 $n > 1$，σ_a 和 σ_m 处于戈博曲线外部，也代表有限寿命，需要进一步按照疲劳寿命计算公式求解疲劳寿命。

4）ASME 疲劳极限椭圆曲线：图 1-155 所示是 ASME 疲劳极限椭圆曲线，同索德伯格有同样的连接点，边界曲线为椭圆曲线，应用在可塑性金属，屈服极限内的疲劳寿命分析。

其公式为

$$\left(\frac{n\sigma_a}{S_e}\right)^2 + \left(\frac{n\sigma_m}{\sigma_s}\right)^2 = 1$$

公式中的 n 为安全系数，当 $n \leq 1$ 时，代表无限寿命，如果 $n > 1$，σ_a 和 σ_m 处于 ASME 椭圆曲线外部，也代表有限寿命，需要进一步按照疲劳寿命计算公式求解疲劳寿命。

案例分析二中的轴如果受到不对称循环载荷，假设不对称循环载荷在轴的 B 截面处产生的最大应力 $\sigma_{rev.max} = 200\text{MPa}$，最小应力为 $\sigma_{rev.min} = 100\text{MPa}$，分析此条件下轴的疲劳寿命。

步骤 1：

$$\sigma_{\text{rev. m}} = \frac{\sigma_{\text{rev. max}} + \sigma_{\text{rev. min}}}{2} = \frac{200+100}{2} = 150\text{MPa}$$

$$\sigma_{\text{rev. a}} = \left|\frac{\sigma_{\text{rev. max}} - \sigma_{\text{rev. min}}}{2}\right| = \frac{200-100}{2} = 500\text{MPa}$$

如要求轴在 B 截面处无材料屈服,使用古德曼曲线分析,坐标点落在古德曼和朗格线之内,轴有无限寿命,如图 1-156 所示。

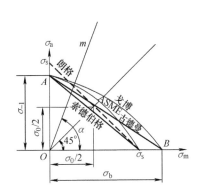

图 1-155 ASME 疲劳极限椭圆曲线　　图 1-156 古德曼疲劳极限校核

步骤 2:计算安全系数 n

根据修正古德曼公式,

$$n = \frac{1}{\dfrac{\sigma_a}{S_e} + \dfrac{\sigma_m}{\sigma_b}} = \frac{1}{\dfrac{50}{312.5} + \dfrac{150}{625}} = 2.5 > 1$$

$n > 1$,所以为无限疲劳寿命。

根据朗格公式,

$$n = \frac{\sigma_s}{\sigma_a + \sigma_m} + \frac{523}{50+150} = 2.615 > 1$$

$n > 1$,所以材料在此载荷下无屈服。

假设不对称循环载荷在轴的 B 截面处产生的最大应力 $\sigma_{\text{rev. max}} = 700\text{MPa}$,最小应力为 $\sigma_{\text{rev. min}} = 100\text{MPa}$,分析此条件下的轴的疲劳寿命。

步骤 1:

$$\sigma_{\text{rev. m}} = \frac{\sigma_{\text{rev. max}} + \sigma_{\text{rev, min}}}{2} = \frac{700+100}{2} = 400\text{MPa}$$

$$\sigma_{\text{rev. a}} = \left|\frac{\sigma_{\text{rev. max}} - \sigma_{\text{rev, min}}}{2}\right| = \frac{700-100}{2} = 300\text{MPa}$$

使用古德曼曲线分析,坐标点落在古德曼和朗格线之外,轴的疲劳寿命有限,如图 1-157 所示。

步骤 2:计算安全系数 n

根据修正古德曼公式,

$$n = \frac{1}{\dfrac{\sigma_a}{S_e} + \dfrac{\sigma_m}{\sigma_b}} = \frac{1}{\dfrac{300}{312.5} + \dfrac{400}{625}} = 0.625 < 1$$

$n < 1$，所以轴的疲劳寿命有限。

步骤3：计算不对称循环的等价疲劳应力

按照无屈服材料要求，使用古德曼公式，

$$\frac{\sigma_a}{\sigma_{rev}} + \frac{\sigma_m}{\sigma_b} = 1$$

所以

$$\sigma_{rev} = \frac{\sigma_a}{1 - \dfrac{\sigma_m}{\sigma_b}} = \frac{300}{1 - \dfrac{400}{625}} = 833.3 \text{MPa}$$

调整后如图1-158所示，坐标点在古德曼曲线外侧，与纵轴交点为833.3MPa。

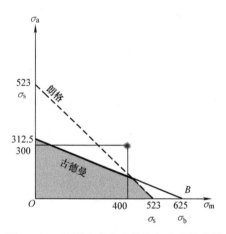

图1-157 有限疲劳寿命载荷与古德曼曲线

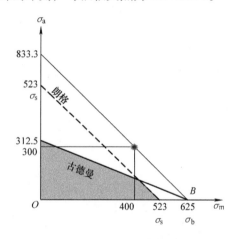

图1-158 调整后的等价的疲劳应力

步骤4：计算疲劳寿命

根据疲劳寿命计算公式：

$$a = \frac{(f\sigma_b)^2}{S_e} = \frac{(0.858 \times 625)^2}{191.16} = 1504.31 \text{MPa}$$

$$b = -\frac{1}{3}\lg\left(\frac{f\sigma_b}{S_e}\right) = -\frac{1}{3}\lg\left(\frac{0.858 \times 625}{191.16}\right) = -0.1493$$

按照当前的材料和结构，该轴的循环寿命：

$$N = \left(\frac{\sigma_{rev}}{a}\right)^{1/b} = \left(\frac{833.3}{1504.31}\right)^{1/-0.1493} = 52 \text{ 次循环}$$

该轴在这个不对称循环载荷下的预测疲劳寿命是52次循环。

除了对称循环和不对称循环的载荷，还有随机载荷的情况，随机载荷的振幅随机产生变化，例如汽车的路试图谱就是随机载荷的一种常见形式，如图1-159所示。

SolidWorks 中的随机载荷疲劳寿命计算参引一个或多个静态算例,或参引非线性或模态时间历史动态算例中的某一特定求解步长。

在整车试验中通常在整车或零部件例如悬架等关键部位布置应变片实时测量,然后使用这些历史数据作为一段的测试周期,如悬架在驾驶过程中可以简化为起动—加速—均速行驶—制动—停车的一段受力周期,根据整车在整个寿命周期中可能出现这个特征周期的次数来模拟悬架的工作寿命。在这些周期的工作载荷作用下,悬架产生疲劳损伤,随机载荷疲劳寿命计算的原理是确

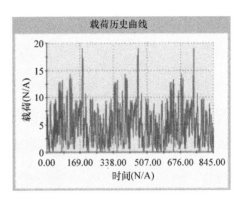

图 1-159 随机载荷路谱图

定在这个周期中发生不同应力振幅的次数,然后将这些振幅划为不同的对称循环块,然后根据以上公式来估算零件的疲劳寿命。

所以随机载荷疲劳寿命计算的关键是振幅的数量计算,这个数量的计算方法有很多,使用比较广泛的是雨流循环计数法。

雨流循环计数法是一种确定在一段施加载荷期间的疲劳循环次数的方法。按照以上对于疲劳分析方法分析,决定疲劳寿命的基础是对称循环载荷的应力振幅 σ_a 和平均应力 σ_m。不对称循环载荷在计算中通过如古德曼极限疲劳曲线来等价为对称循环应力载荷,然后通过疲劳寿命公式求解。对于随机载荷条件,最大应力 σ_{max} 和最小应力 σ_{min} 随机变化,导致振幅 σ_a 是随机变化的,解决方法是统计相近振幅为不同的块,然后分别将不同的块看作是对称循环载荷求解零件的疲劳寿命。雨流循环计数法的核心就是分解不同振幅块,并计数不同振幅块的循环次数,然后通过 $S-N$ 曲线和迈纳(Miner)法则来计算疲劳寿命。

雨流循环计数法目的就是解决计数随机载荷的疲劳循环次数问题。雨流循环计数法减少了分析数据,降低了计算容量,有利于快速分析结果。1986 年,第一版 ASTM E1049 雨流循环计数法正式公布,之后有很多针对雨流循环计数法应用软件工具开发,本书案例用于演示的 SolidWorks 在疲劳随机载荷分析中也整合了这个算法。

ASTM E1049 规定了雨流循环计数法分四个步骤,作为 CAE 分析工程师在路谱采样时需要注意算法原理:

1)磁滞过滤(Hysteresis Filtering)。
2)峰谷过滤(Peak-Valley Filtering)。
3)离散化(Discretization)。
4)四点计数(Four Point Counting Method)。

磁滞过滤:

这个方法通过定义一个应力阈值滤波,小于这个阈值的振幅被过滤掉,这些振幅被认为极小,且在疲劳极限之内,不会影响疲劳寿命。载荷历史曲线经过滤波后变得平滑,如图 1-160 所示,a 波为过滤前,b 波为过滤后。

峰谷过滤:

峰谷过滤的目的是仅仅保留切率拐点。因为在疲劳分析过程中,只有最大值、最小值是重要的计算数据,所以中间点数据可以被去除,不必计算,如图 1-161 所示。

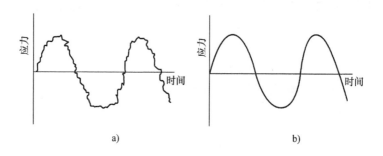

图 1-160　磁滞过滤

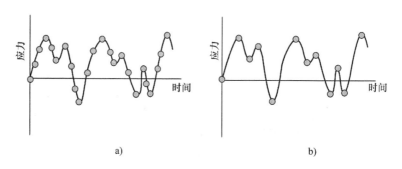

图 1-161　峰谷过滤

离散化：

将 Y 轴等分成多个块，峰谷过滤后的点对中 Y 轴的这些块，目的是为了方便数据计数，如图 1-162 所示。

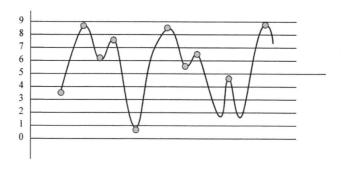

图 1-162　离散化

四点计数：

经过以上三个步骤，现在可以进行循环计数，在循环计数的时候要同时考虑幅值和均值。

四点计数法的步骤是：

1）选择 4 个连续点——S1、S2、S3、S4。

2）定义内部点 | S2 - S3 | 。

3）定义外部点 | S1 – S4 |。
4）如果内部点间距≤外部点间距，那么组成一个循环。
5）如果内部点间距≥外部点间距，那么不能组成一个循环。

如图 1-163 所示，S1 到 S4 的间距大于 S2 到 S3 的间距，可以组成一个循环，S2 = 6，S3 = 7，S3 – S2 = 1，S1 = 8，S4 = 0，S1 – S4 = 8，记录一次循环如图 1-163 所示的矩阵。S3 投影到S1 – S2 线段上，形成 S3'，S3'S2S3 形成一次小循环。然后删除这个循环 S2 和 S3 点，连接 S1 – S4，形成新的连续4点，如图 1-164，新形成的4个连续点无法形成一次循环。

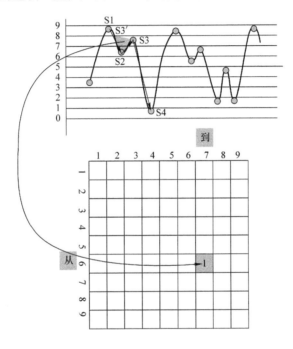

图 1-163　四点法循环计数法

如图 1-165 所示，继续推演 4 个连续点，满足形成内循环的条件，消除这个循环，并记录到图 1-165 矩阵中。

如图 1-166 所示，完成其余的循环计数，并完成矩阵。图中的残余波段是非封闭的循环（不能组成完整的循环），代表最大的循环应力载荷。如果这个波段代表一个工况，那么这个工况进行重复试验，雨流循环计数的矩阵也进行重复计数，这个雨流矩阵就代表了零件的寿命载荷状态。根据雨流矩阵可以计算疲劳寿命计算需要的参数循环次数、振幅和中点。

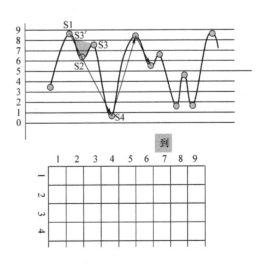

图 1-164　四点法的连续取点

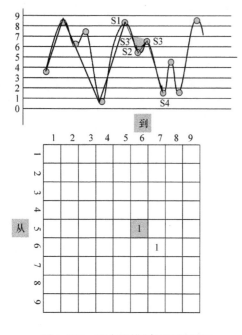

图1-165 四点法辨别处新的循环

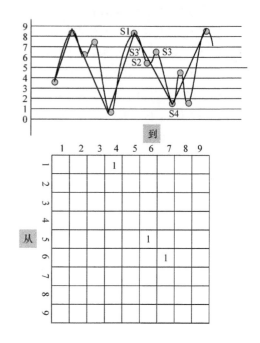

图1-166 完成四点法分析

通常因为实验数据巨大，一般应用软件工具来进行雨流循环计数，ASTM E1049给出计数的参考算法。雨流计数工具如图1-167所示。

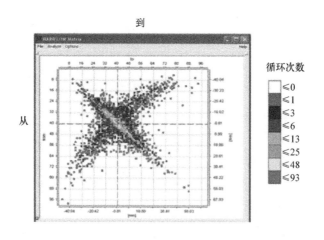

图1-167 雨流计数工具

如图1-168所示，雨流矩阵的右下角代表拉应力循环区域，具有正的均值，图1-168中从左上角到右下角代表很小的振幅循环。图1-168中左上角是压应力循环，具有负的均值，压应力通常不降低疲劳寿命。

风险最高的区域是处于大振幅的情况，处于图1-169中的右上角和左下角区域，也代表最大的振幅循环，产生最大的疲劳应力，具有最显著的疲劳破坏作用。雨流矩阵中典型的情况是数量最多的循环都集中在对角线附近。

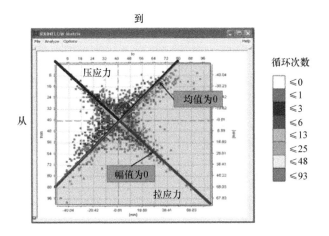

图 1-168 雨流矩阵的区域意义

通过雨流矩阵，那些低疲劳破坏但出现频率高的循环可以被去除，这样可以节省疲劳分析的计算时间，这种方法也叫加速疲劳试验。

根据雨流分析的数据、迈纳（Miner）法则和材料的 $S-N$ 疲劳曲线，就可以计算零件的疲劳寿命。

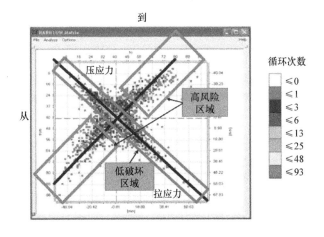

图 1-169 雨流矩阵的风险区域

迈纳法则公式：

$$D = \sum \frac{n_i}{N_i}$$

式中　D——累积疲劳寿命；

　　　n_i——σ_i 应力下的疲劳循环寿命次数；

　　　N_i——总的疲劳循环寿命次数。

案例分析三：

设材质为钢的轴受到随机波动载荷，如图 1-170 所示，此材质的修正疲劳极限强度为 210MPa，材料的抗拉强度为 840MPa，系数 $f=0.8$。

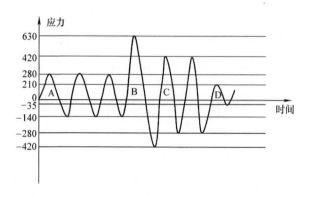

图 1-170 迈纳法则应用

1）预测该轴的累积疲劳寿命。
2）预测该轴在这个随机载荷下疲劳寿命。

步骤 1：平均应力、振幅、循环次数统计矩阵

根据已知条件，输入以下矩阵：

σ_{rev} 计算按照古德曼曲线：

A 循环：$\sigma_{rev} = \dfrac{\sigma_a}{1 - \dfrac{\sigma_m}{\sigma_b}} = \dfrac{210}{1 - \dfrac{70}{840}} = 229.1 \text{MPa}$

B 循环：$\sigma_{rev} = \dfrac{\sigma_a}{1 - \dfrac{\sigma_m}{\sigma_b}} = \dfrac{525}{1 - \dfrac{105}{840}} = 600 \text{MPa}$

C 循环：$\sigma_{rev} = \dfrac{\sigma_a}{1 - \dfrac{\sigma_m}{\sigma_b}} = \dfrac{350}{1 - \dfrac{70}{840}} = 381.8 \text{MPa}$

D 循环：$\sigma_{rev} = \dfrac{\sigma_a}{1 - \dfrac{\sigma_m}{\sigma_b}} = \dfrac{122.5}{1 - \dfrac{87.5}{840}} = 136.7 \text{MPa}$

应力循环	σ_{max}	σ_{min}	σ_m	σ_a	σ_{rev}	n（循环）
应力 A 循环	280	-140	70	210	229.1	3
应力 B 循环	630	-420	105	525	600	1
应力 C 循环	420	-280	70	350	381.8	2
应力 D 循环	210	-35	87.5	122.5	136.7	1

对于循环 D 的循环应力 $\sigma_{rev} = 136.7 \text{MPa}$，小于极限疲劳应力 210MPa，所以 D 循环下零件有无限寿命，不需要考虑。

步骤 2：计算每一个循环的应力下的疲劳寿命

根据公式：

$$a = \dfrac{(f\sigma_b)^2}{S_e} = \dfrac{(0.8 \times 825)^2}{210} = 2074.29 \text{MPa}$$

$$b = -\frac{1}{3}\lg\left(\frac{f\sigma_b}{S_e}\right) = -\frac{1}{3}\lg\left(\frac{0.8 \times 825}{210}\right) = -0.1658$$

计算此轴在 ABC 循环应力下的寿命：

A 应力循环：$N = \left(\dfrac{\sigma_{\text{rev}}}{a}\right)^{1/b} = \left(\dfrac{229.1}{2074.29}\right)^{1/-0.1658} = 591628$ 次循环

B 应力循环：$N = \left(\dfrac{\sigma_{\text{rev}}}{a}\right)^{1/b} = \left(\dfrac{600}{2074.29}\right)^{1/-0.1658} = 1777$ 次循环

A 应力循环：$N = \left(\dfrac{\sigma_{\text{rev}}}{a}\right)^{1/b} = \left(\dfrac{381.8}{2074.29}\right)^{1/-0.1658} = 27151$ 次循环

完成循环次数到矩阵中：

应力循环	$\sigma_{\max}$	$\sigma_{\min}$	σ_m	σ_a	σ_{rev}	n（循环）	N
应力 A 循环	280	-140	70	210	229.1	3	
应力 B 循环	630	-420	105	525	600	1	1777
应力 C 循环	420	-280	70	350	381.8	2	27151
应力 D 循环	210	-35	87.5	122.5	136.7	1	无限寿命

步骤 3：根据迈纳法则计算此轴的寿命

$$D = \sum \frac{n_i}{N_i} = \frac{3}{591628} + \frac{1}{1777} + \frac{2}{27151} + 0 = 0.000641$$

如果 D 工况代表一个工作单位（例如一次起动—运行—制动状态，用时 10s），那么：这个轴的工作寿命为：

$\dfrac{1}{D} = \dfrac{1}{0.000641} = 1558$ 个工作周期（每个周期包含 ABCD 四个循环）

在此工况下的寿命周期总时长（能够经过多少次 ABCD 循环）：

$$1558 \times 10 = 15580\text{s} = 4.3\text{h}$$

实际随机载荷疲劳寿命分析，例如前悬架路试分析的数据需要处理大量的数据，这些数据在悬架的关键部位布置应变片，取得载荷随机值，但这些应变片布置不一定代表组合应力下的主应力，这些载荷通常需要进行变换（摩尔圆法则）获得主应力，即最大应力值，CAE 工具可以将这些值自动转换。图 1-171 是悬架的载荷历史曲线，图 1-172 是 3D 雨流循环计数矩阵。

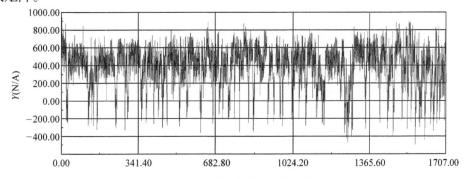

图 1-171 悬架的载荷历史曲线

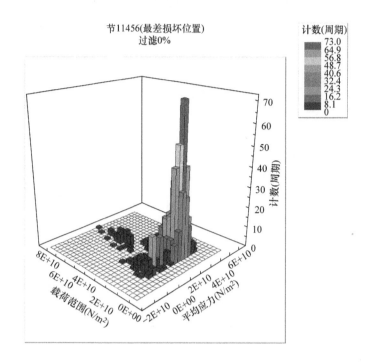

图 1-172　3D 雨流循环计数矩阵

历史载荷谱对于汽车一般有两种分布形式，路面状况保持单一且车速稳定不变的情况下为正态分布，当路面和行驶工况无规律变化，且长距离行驶条件下接近指数分布。

载荷的特征作为设计依据有三种类型。第一类是工况在最大载荷次数比较多的情况，例如发动机连杆、曲轴等，设计这类零件时应将载荷作为疲劳极限。第二类零件工况是载荷的寿命总次数有限，如转向机构的寿命次数一般为30~50万次，设计的工作载荷可以高于疲劳极限，以达到合理的零件尺寸实现轻量化设计。第三类是较少的工作载荷大于疲劳极限，多数工作载荷低于零件的疲劳极限，汽车上大多数零件是这种工况状态，这时候数据统计就比较重要，可以使用迈纳法则适当地设计合适的尺寸。

五、工装夹具设计

工装夹具在确保大批量生产的生产效率同时也可以保证高质量、高精度的产品。夹具通过钻套等为加工设备的刀具提供导向，使刀具到达零件的正确位置，夹具通常不直接定位到加工设备工作台上，而是装配到固定在工作台上的工装。工装一方面连接刀具导向作用的夹具，另一方面又将零件同设备的工作台连接，保证了加工刀具和被加工零件相互位置关系。

工装夹具分三类：

1) 专用夹具，为特定零件设计的永久性工装夹具，需要有自制夹具零件组装成，适合大批量生产类型，如图 1-173 所示。

2) 模组夹具，由通用标准件组合成的临时性工装夹具，如图 1-174 所示。模组夹具综合了专用夹具和通用夹具的优点，既有零件装卸简单、适合批量生产、很好的重复性、不需要操作者太高的技能的特点，又有生产完成后拆卸组装为另一个零件夹具的特点。

3）通用夹具，由夹紧钳、卡盘、底板和夹紧装置等组合的通用工装夹具，如图 1-175 所示。通用夹具功能多样，使用时需要很高的技巧才能保证一致性和精度，所以通用夹具不适合用于大批量生产。

工装夹具主要结构组件：

1）定位装置：精确定位零件同刀具相互位置关系的装置，设计依据要符合 GD&T/GPS 图纸中的要求。

2）夹紧装置：能将零件固定在工装上，能够克服加工施加的外力的装置。夹紧力应该足够大以克服操作过程中刀具的切削力，但是过大的夹紧力会导致零件变形或表面破坏。通常夹紧装置将零件夹紧在定位装置中的主基准支撑面上。

图 1-173　专用夹具

图 1-174　模组夹具

3）刀具的导向或对齐装置：将刀具导向或辅助对齐到零件正确的位置上。例如钻套将钻头导向零件，如图 1-176 所示。铣削工装将铣刀对齐到零件正确位置上。现代的工装设计具有 XYZ 三个方向的对齐块，刀具或刀位的探测装置在每次加工前会自动在 XYZ 对齐块测量补偿加工偏差。另一种常用的方法是使用关节臂设备在加工设备上进行人工调整对齐。

图 1-175　通用夹具

a) 无帽钻套　　b) 带帽钻套

图 1-176　钻套夹具

使用工作夹具的好处：

1）实现批量生产：使用工装夹具去除了对零件的独立定位、测量等操作，缩短了操作时间，增加了产能。

2）互换性：由于定位方案的一致性，工装夹具保证了一致的产品精度，增加产品装配的互换性。

3）降低对操作者的专业技术要求：工装夹具对于零件只有简单的定位和夹紧操作，工装夹具自动保证工件和刀具的定位精度，无额外的专业技巧的操作工也能到达有专业技能操作工的加工质量，节省了人力成本。

4）降低成本：对于大批量生产零件，工装夹具可以提高合格率，降低装配节拍，能显著地为企业降低生产成本。

1. 工装夹具使用的材料

工装夹具的材料主要是钢材，这些材料能够进行热处理来增加硬度、提高耐磨性。有时也会使用磷化铜、铝和青铜等，在保证工装夹具的刚性和耐磨性的同时，也能够减少对零件的刮伤，也可能使用尼龙和纤维材料来防止零件损坏。

1）高速钢：含有18%~22%钨以获得很高的材料强度，4.3%的铬以提高材料的热处理性能和耐磨性能，1%的钒以获得高温、高强度性能和冲击强度。高速钢的硬度通常淬火后的强度达到RC64-65，适合作为切削刀具、钻头和铰刀等。

2）模具钢：也叫高碳钢（含碳1.5%~2.3%，铬12%），用途为冷冲裁模具、螺纹成型辊轮等。热成型模具钢有很好的高温强度，常用作锻造、铸造模具制造等。

3）碳素钢：含碳0.85%~1.18%，淬火后硬度可达RC62-63，可用作木材的切割刀具，或工具如锉、凿等。工装夹具的导向钻套、定位销需要耐磨坚固，通常使用淬火后的中碳钢。

4）弹簧钢：含1%碳和0.5%锰，通常淬火硬度为RC47。

5）工具钢：含碳0.9%~1.1%，钨0.5%~2%，淬火后的硬度达RC62，常用作铰刀、铣刀等。

6）表面渗碳钢：表面形成0.6~1.5mm厚度的渗碳层，表层硬度达RC59-63。常用材料牌号17Mn1Cr95、15Ni2Cr1Mo15等。适用于只需要在磨损区域做耐磨处理的场合，因为整体淬火加工困难、成本比较高。

7）高强度钢：包括中碳钢（含碳0.45%~0.65%）和合金钢，例如40NiCr1Mo28。淬火后抗拉强度达125kg/cm^2。中碳钢广泛应用于紧固件和结构钢，合金钢应用于压力机压头。

8）低碳钢：因为价格较便宜，所以广泛使用在工装夹具上，低碳钢含碳0.3%，避免应用于高应力和高强度磨损场合。

9）铸钢：含2%~2.5%碳，因为有良好的耐振性，所以广泛应用于铣削夹具。铸钢具有良好的自润滑特性，常应用于滑动摩擦导轨。球墨铸钢可以达到低碳钢的强度，又具有隔热、耐磨和防锈的特点。

10）铸铁：有良好的铸造性能。

11）尼龙和纤维材料：常用作夹紧装置的衬垫，以防止破坏零件表面。这些尼龙和纤维材料通常是通过紧固件固定在夹紧装置上。

2. 工装夹具的配合公差

工装夹具由定位装置、夹紧装置、基座、导向或引导装置组合而成。这些装置需要精确的装配才能完成工件的定位。尺寸配合精度准则选用的是公差配合的国际标准ISO 286-1，标准规定了27种配合和18级公差精度，这个标准被世界广泛采用。出于工装夹具不同部件的功能目的，根据ISO 286-1的推荐配合精度，设计工程师可以相应地选取以下四种适合工装夹具的配合及精度，公差与配合如图 1-177 所示，这部分公差设计可以通过查询 ISO 286-1 标准完成：

1）松动配合（H7/f6）：销可以在孔中自由旋转和沿轴向移动，生产设备采取这种精度是为了快速装卸零件。

2）推入配合（H7/h6）：这种装配需要用手压入或使用工具轻轻敲击配合。常用在精密的配合或需要经常更换的定位部件的装配上。

3）压入配合（H7/p6）：装配需要使用工具压入，销和孔之间有净干涉量。这种装配限制了销的旋转和轴向移动。

4）较强压入配合（H7/s6）：装配需要使用锤击或压力机，孔和轴之间的净干涉较大。装配后不能旋转或沿轴向移动。常用于钻套或定位销的装配。

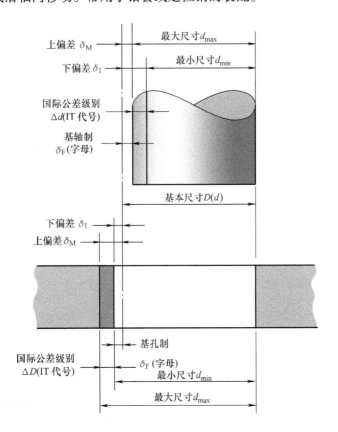

图 1-177　公差与配合

以上只是对于孔轴配合方式的两个零件的尺寸精度定义，在基座上开孔还会产生位置误差，尺寸误差加上位置误差的综合效果才是工装夹具定位装置等的工作精度，但误差总是随机产生，设计时只能明确误差范围，所以生产工装夹具时，工艺上应该实时测量实际工装夹具零件的精度来控制装配工装的精度。这样才能以最低的加工精度成本生产出满足定位精度的工装夹具。

这些配合尺寸只是应用在销和销孔、导套的制造要求上，通过选择适当的配合公差，将工装检具的部件通过这些销组装到一起，完成工装夹具的定位功能。定位装置通过销同其他工装检具零件组合如图 1-178 所示,这些部件的安装方法通过销定位,然后螺栓固定分两个步骤完成。

3. 工装夹具的定位装置

工装夹具的定位遵循 3-2-1 原则,可能是 6 点法或 2 孔 1 面法,内容请参考其他部分的基准定义方法介绍。如图 1-179 所示,工装夹具的定位约束了零件的空间自由度,这些定位装置必须坚固,能够支撑零件和加工切削力。定位装置和夹紧装置完全不同,定位只是限制零件位置,夹紧装置施加外力固定零件。

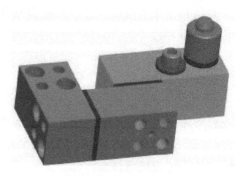

图 1-178 定位装置通过销同其他工装检具零件组合

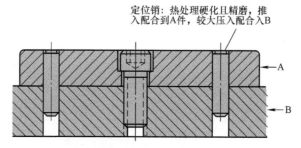

图 1-179 夹具部件同基座的定位

如图 1-180 所示,定位装置形式有内部定位和外部定位两种方法,特征形状有平面和柱面两种。平面定位可以是固定式、高度可调式和均衡器三种方式,如图 1-181 所示。

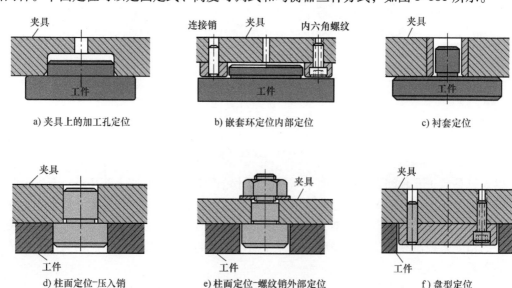

a) 夹具上的加工孔定位　　b) 嵌套环定位内部定位　　c) 衬套定位

d) 柱面定位-压入销　　e) 柱面定位-螺纹销外部定位　　f) 盘型定位

图 1-180 夹具定位装置

定位装置的设计应注意过定位问题，如图1-182所示，图1-182a中的平行方向上下各有两个定位销，会因为零件的宽度方向上的公差导致间隙晃动或零件不能放入的问题。图1-182b中导套出现了两个中心定位，会因为帽口同底孔的同心度偏差导致无法压入。图1-182c中三个外侧圆销的定位方向会同中心的两个内孔定位产生冲突，导致零件无法装配到工装上。

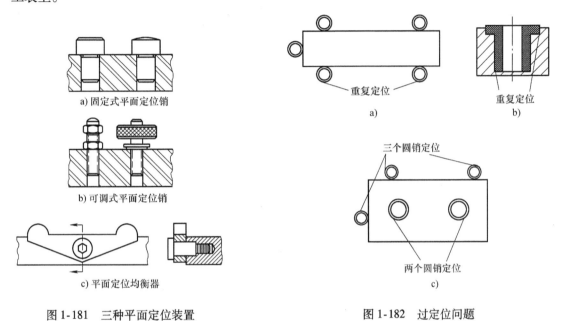

图1-181　三种平面定位装置

图1-182　过定位问题

4. 工装夹具的夹紧装置

夹紧装置的作用将加工零件的切削力传递到工装上，从而固定零件，如图1-183所示。

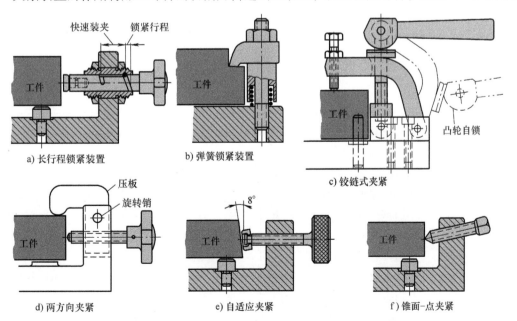

图1-183　夹紧装置

夹紧力需要能够抵抗切削力，但过大的夹紧力又会导致零件变形和损坏，所以需要研究适当的夹紧力。如果没有限位装置，那么零件只受到摩擦力，固定在加工位置上，夹紧力计算公式可以简化如下：

$$夹紧力 = \frac{切削力}{静态摩擦系数} \times 安全系数$$

水平切削夹紧力计算原理如图1-184所示，静态摩擦系数见表1-10。

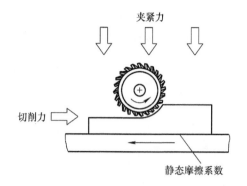

图 1-184　水平切削夹紧力计算原理

表 1-10　静态摩擦系数

接触表面类型	摩擦系数（干燥）	摩擦系数（润滑）
钢/钢	0.15	0.12
钢/铸铁	0.19	0.1
铸铁/铸铁	0.3	0.19

影响切削力的因素很多（图1-185），通常用以下公式估算：

$$切向切削力 = \frac{33000 a_e a_p V_f}{\pi/12 K_p R D_c}$$

式中　a_e——切削宽度（in）；
　　　a_p——切削深度（in）；
　　　V_f——进给量（in/min）；
　　　D_c——切削刀具直径（in）；
　　　R——主轴转速；
　　　K_p——材料强度系数（根据金属的材料选择参数，见表1-11）。

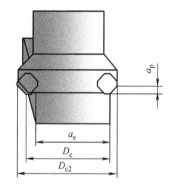

图 1-185　切削力参数

表 1-11　参数 K_p

材料	布氏硬度	K_p（英制）	K_p（公制）	材料	布氏硬度	K_p（英制）	K_p（公制）
普通碳钢							
普通碳钢	80 – 100	0.63	1.72	普通碳钢	220 – 240	0.89	2.43
	100 – 120	0.66	1.80		240 – 260	0.92	2.51
	120 – 140	0.69	1.88		260 – 280	0.95	2.59
	140 – 160	0.74	2.02		280 – 300	1.00	2.73
	160 – 180	0.78	2.13		300 – 320	1.03	2.81
	180 – 200	0.82	2.24		320 – 340	1.06	2.89
	200 – 220	0.85	2.32		340 – 360	1.14	3.11

第一章 结构设计

(续)

材料	布氏硬度	K_p (英制)	K_p (公制)	材料	布氏硬度	K_p (英制)	K_p (公制)
机加工钢材							
AISI 1108, 1109, 1110, 1115, 1116, 1117, 1118, 1119, 1120, 1125, 1126, 1132	100 – 120 120 – 140 140 – 160 160 – 180 180 – 200			AISI 1330, 1335, 1340, E52100	160 – 180 180 – 200 200 – 220	0.79 0.83 0.87	2.16 2.27 2.38
AISI 4023, 4024, 4027, 4028, 4032, 4037, 4042, 4047, 4137, 4140, 4142, 4145, 4147, 4150, 4340, 4640, 4815, 4817, 4820, 5130, 5132, 5135, 5140, 5145, 5150, 6118, 6150, 8637, 8640, 8642, 8645, 8650, 8740	140 – 160 160 – 180 180 – 200 200 – 220 220 – 240 240 – 260 260 – 280 280 – 300 300 – 320 320 – 340 340 – 360	0.62 0.65 0.69 0.72 0.76 0.80 0.84 0.87 0.91 0.96 1.00	1.69 1.77 1.88 1.97 2.07 2.18 2.29 2.38 2.48 2.62 2.73	AISI 4130, 4320, 4615, 4620, 4626, 5120, 8615, 8617, 8620, 8622, 8625, 8630, 8720	140 – 160 160 – 180 180 – 200 200 – 220 220 – 240 240 – 260 260 – 280 280 – 300 300 – 320 320 – 340 …	0.56 0.59 0.62 0.65 0.70 0.74 0.77 0.80 0.83 0.89 …	1.53 1.61 1.69 1.77 1.91 2.02 2.10 2.18 2.27 2.43 …

这个公式计算单位都是英寸 (in),所以结果是磅力 (lbf),需要转换为 SI 单位。比如使用 5in 面铣刀 (D_c) 加工 1018 钢,布氏硬度为 215,切削宽度 a_p 为 0.125in,切削宽度为 2in,主轴转速为 680r/min,进给速度 V_f 为 80in/min,材料强度系数 K_p 根据表可得值 0.82。

$$切向切削力 = \frac{33000 \times 2 \times 0.125 \times 80}{\pi/12 \times 0.82 \times 680 \times 5} = 900\text{lbf} = 4003\text{N}$$

切削力的计算参数影响因素较多,很难精确计算,一般使用测力仪直接测量的方法获得。测力仪的测量原理是利用切削力作用在测力仪的弹性元件上所产生的变形,或作用在压电晶体上产生的电荷经过转换后,读出 F_z、F_x、F_y 的值。在自动化生产中,还可利用测力传感装置产生的信号优化和监控切削过程。测力仪按工作原理不同可以分为机械、液压和电气测力仪。目前常用的是电阻应变片式测力仪和压电式测力仪。

5. 铣槽工装夹具的案例分析

工装夹具保证了加工刀具和待加工零件之间的位置关系,其设置是根据 GD&T/GPS 图纸定义。根据适当的 GD&T/GPS 图纸,才能够准确地设计工装夹具。在开始设计工装夹具之前,需要审核图纸的正确性,发现图纸中存在的问题,有利于管控制造风险。GD&T/GPS 图纸的主要问题一般是包含的工艺信息和装配要求不一致。

图 1-186 所示是一个零件的 GD&T 定义,设计工装夹具之前需要判断这些尺寸之间的逻辑关系,梳理内含的工艺流程。

该零件要求中等批量生产,材料为 45 钢,该铣槽工序在 X6130 卧铣上用三面刃铣刀加工。

铣槽工序加工要求为 (来自设计部门 GD&T 图纸):

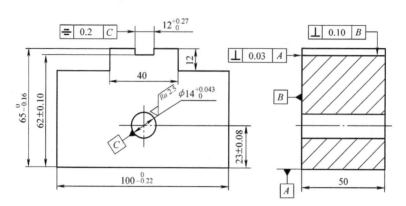

图 1-186 分析图纸定义的刀具和零件之间的关系

1）槽宽 $12^{+0.27}_{\ 0}$ mm。
2）槽底至工件底面的位置尺寸（62±0.10）mm。
3）槽两侧面对孔轴线的对称度 0.2mm。
4）槽底面对工件 B 面的垂直度 0.10mm。

收集到的工艺过程（来自工艺部门的初始加工计划）：

1）铣前后两端面（X6130 卧铣）。
2）铣底面、顶面（X6130 卧铣）。
3）铣两侧面（X6130 卧铣）。
4）铣两台肩面（X6130 卧铣）。
5）钻、铰孔（Z5135 立钻）。
6）铣槽（X6130 卧铣）。

工装夹具概念设计方案如图 1-187 所示。

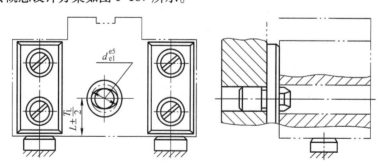

图 1-187 工装夹具概念设计方案

以上加工工装的方案设计问题比较典型，GD&T 图纸、加工工艺和夹具设计不统一，有生产质量失控的风险。GD&T 图纸没有逻辑完整的定义导致工艺安排无法全部考虑 GD&T 的要求信息，加工工装设计没有考虑 GD&T 的装配要求，因此可以断定这个检测没有依据 GD&T 的要求。这就是企业生产过程中的设计、生产、检测脱钩的问题。

根据这个零件的图纸，对比 GD&T 要求和书面的工序技术要求，设计意图是保证槽口的加工，这个位置的尺寸是装配时的重要尺寸。根据 GD&T 图纸的信息，槽口中心线对称度的要求关联了基准 C，而没有充分声明 C 是如何通过其他特征来保证的，其余的几何公差和尺寸公差均独立表示，导致在这个 GD&T 定义中，无法判断这些特征的工艺顺序。

按照收集到的产品要求信息，槽底高度 (62 ± 0.01) mm 是一个关键尺寸，尺寸公差的一个缺陷是在测量时会产生两个值，如图 1-188 所示。图 1-188b 是从上往下测量产生的尺寸结果，图 1-188c 是从下往上测量产生的结果。这两个测量结果的歧义必然冲击质量的判定，也会影响真实的装配。这个造成测量者猜测的定义方法会导致后续的加工、检测问题只能在装配线上或交付时显现，因此会导致设计工作的重新进行、夹具的重新设计、时间的延迟和生产的浪费。交付周期的延长必然降低企业资金的周转，所以在开始阶段应该谨慎设计，投入更多的精力。

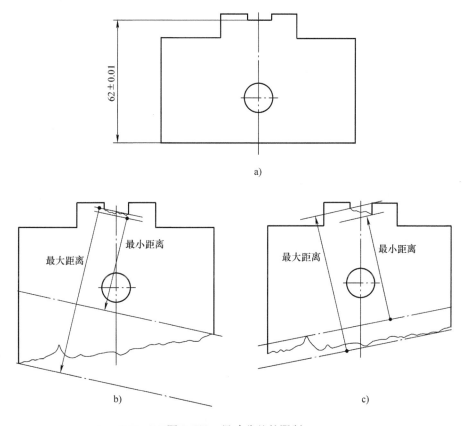

图 1-188 尺寸公差的限制

同样对于尺寸 $65_{-0.16}^{0}$、$100_{-0.22}^{0}$ 也有同样的测量歧义问题，对于这些定义，不能期望设计者能够面对面向每一个测量人员或加工供应商解释澄清，因为时间和地域上实时交流不现实。

关于如何解决这些尺寸歧义，ASME Y14.5 给出使用轮廓度的定义建议，如图 1-189 所示。

40mm 宽度尺寸独立标注，在宽度大小上可以采取默认公差，但是这个位置比较重要，应该对称中心线加工凸台，但是没有对称要求，只能这样加工这个凸台的工装精度或设备精度。

为了指导加工要求和测量的验收标准，图纸上调至信息如图 1-189 所示。因为这个宽度没有指定特殊要求，所以使用 MMC 和 MMB 两次降低成本优化公差。另外这个设计中引用了位置度要求，而不是对称度，这是因为对称度的定义检测成本高，而且对形状没有控制，所以采用位置度定义。ASME Y14.5–2018 版中取消了对称度控制方式（历史上第二次取消），设计者在设计过程中，为避免误解和歧义的风险，也为了降低产品成本，应该尽量不使用对称度控制。这个位置度控制同时引用了基准 A 和 B（MMB），因为这个宽度的中心线需要同轴线默认的高度尺寸 12mm

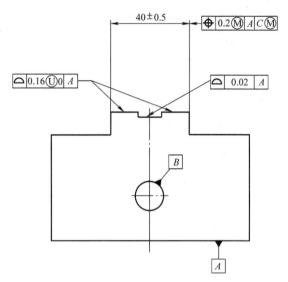

图 1-189　ASME 建议的消除尺寸歧义方法

应该不是有功能目的，可以是默认公差，但是应该注意此处的检验在批量生产后不需要测量，控制方法是保证成型刀的寿命次数保证。默认公差尺寸质量控制方法是不同的。

重点需要讨论这个零件的 12mm 宽度槽的对称度定义，如果使用对称度，因为 GD&T 中明确对称度只能使用 RFS 原则定义，所以测量这个槽口的位置只能使用数值型量具测量，这对于中批量生产（10 万件）的检测来说成本过高。另外因为对称度控制没有装配边界，这个槽口的配合公差设计没有依据也是很大的问题。能够满足这个槽口的控制应该是 GD&T 中的位置度控制方法，当然 ASME Y14.5–2018 也推荐使用跳动和轮廓度来取代对称度，但是这个控制中明显是同材料条件相关的装配。如果使用位置度，可以定义出槽口的装配边界为 11.8mm，这个尺寸可以使用数值型测量方法，也可以使用适用于大批量快速检测的属性检具测量，所以能够真正解决这个槽口的装配问题。图 1-190 所示是槽口位置度定义修改方法。

通过对于毛坯料的加工来看，这个零件表面都要加工，那如何排列这些加工面的优先顺序就是重要的工作，排列工序优先顺序的目的是将加工过程中的散差规避到不重要特征上，从而获得重要特征（例如装配特征）的精度要求。

然后是根据哪些特征来参考定义这个槽口的位置，这些参考特征就是基准。原图中给出三个基准，B 基准由 A 基准垂直度参考定义，但 C 基准是孤立的。实际加工的零件无论精度多高，总是存在误差，这个误差需要进行管理，不能影响零件的功能，这个管理其实就是定位的优先次序，把重要的基准设置为优先级别最高，

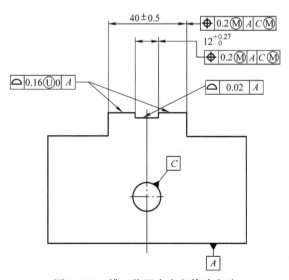

图 1-190　槽口位置度定义修改方法

第一章 结构设计

首先定位,也就是主基准。然后设置稳定性稍差的特征作为第二基准,最后选择第三基准。通常来说这三个基准特征是面、线和点的次序。

按照本书基准讨论过的章节,这个基准定义应该遵循 3-2-1 原则。按照原图纸的信息,这个基准的优先顺序应该是 A(底边)-B(面)-C(孔)。

这个设计对于 C 孔没有明确方法,C 应该参考 A 和 B 建立才有意义,但是 A 和 B 基准满足不了 C 孔的中心定位要求,这就等于这个零件没有给出 C 的中心要求,23mm 尺寸只是定义了 C 孔在高度上的方向。C 目前对于加工者来说,无法唯一明确地制造出来。加工者通过观察图纸,可能会猜测这个孔应该在零件的中心线上,但是究竟同中心线的偏差是多少,设计者并没有在图纸中给出,检测也没有依据。

加工工装的定位要求要根据图纸考虑制造精度来定位零件,目前这个图纸设计中并没有给出。

图 1-191 给出了 C 基准的建立设置。C 孔建立在零件左右对称轴线上,距 A 基准 23mm 的名义尺寸的位置,需要中间过渡基准 D 的建立。D 基准为两个侧边的形成的中心面,即零件的左右对称中心面。C 基准孔在理论位置 $\phi 0.1$ 的柱面公差内建立。这样,加工者就明确了 C 基准的创建要求,并在各个工序上个分配适当的精度,以最低成本的要求加工出零件。这个 C 基准孔将用来定位这个零件的装配特征槽口的中心位置,安装时,槽口的对应零件也必然以 C 孔中心线为要求装配。B 基准是对于孔的加工的垂直度要求,也是很重要的工装精度要求。因为 A 基准必须优先夹紧,所以这个零件的加工夹具是将零件"站立"固定起来,如图 1-192 所示。通常可靠性较高的定位方法是使用零件最大的面,例如这个零件的 B 基准作为主定位面,这样在夹具设置时结构实现比较简单,不会担心零件在夹紧或加工过程中零件会旋转的问题。这个零件"站立"夹紧是为了适应企业的机床刀具路径方向,但是设计者在最初设计时要注意基准的可靠性问题。按照 A 和 B 基准面的定位方法,基本上可以确定槽口底面和槽口顶面距离 A 基准面的高度精度问题,并且保证了槽口在加工上相对于 B 基准的垂直(但优先保证 A 贴合),这个垂直度与 B 基准面的 AME 的垂直度不一致,测量时需要注意。

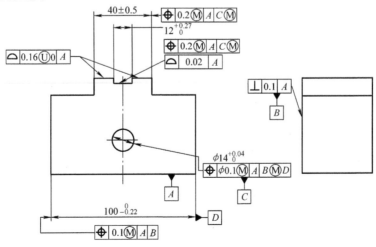

图 1-191 C 基准的建立设置

D 基准是对称中心线装夹,通常是两个块面板在机构动作下同时向夹具中心线移动(例如丝杠)。这样 ABD 基准可以定位 C 孔的中心位置和距 A 基准面的高度精度,为下一步的 C 和槽口定位打下基础。

夹具是没有测量单元的检具,属于检具制作原理的范畴。对于夹具的精度设计原理,例如 $ABDC$ 基准的加工精度应遵循测量仪器精度定义方法,应该同样遵循 1/10 原则,例如 B 的垂直度是 0.1,那么夹具精度即是 0.01mm,但是由于加工和夹紧受力特殊工作情况,需要根据夹紧受力和材料的弹性模量计算受力区域的变形作为误差考虑到 0.01mm 误差中,这样才能保证夹具能够批量生产的 C_{pk} 能力。考虑到现阶段是解决定位问题,在夹具结构生成阶段,一并给出精度计算方法。

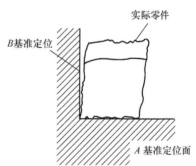

图 1-192 按照 A、B 基准的定位要求的夹具设置

总结一下原始设计问题:
1) 62、65、100 尺寸公差的设计歧义问题。
2) 40 宽度的中心定位问题。
3) C 基准孔的加工缺少定义。
4) A 基准面缺少平面度定位。
5) 槽口的定位基准 C 没有满足 3-2-1 原则充分定位。
6) 槽口加工缺少 C 基准孔的辅助夹具定位基准 D。
7) 槽口的定位不适合使用对称度定位。
8) 基准 $ABDC$ 的优先顺序及零件加工的工艺路线问题。

在这 8 个问题解决之前,生产夹具有很大的质量风险,夹具可能需要数次修改或重做才能解决复合设计要求,这必然造成时间和成本的巨大浪费,所以设计即成本。

根据以上的问题收集,可以判断,这个零件的初始工艺是不适当的,新的工艺安排如下:

更改前:
1) 铣前后两端面(X6130 卧铣)。
2) 铣底面、顶面(X6130 卧铣)。
3) 铣两侧面(X6130 卧铣)。
4) 铣两台肩面(X6130 卧铣)。
5) 钻、铰孔(Z5135 立钻)。
6) 铣槽(X6130 卧铣)。

更改后:
1) 铣底面、顶面(X6130 卧铣)。
2) 铣前后两端面(X6130 卧铣)。
3) 铣两侧面(X6130 卧铣)。
4) 钻、铰孔(Z5135 立钻)。
5) 铣两台肩面(X6130 卧铣)。
6) 铣槽(X6130 卧铣)。

本书直接介绍最典型的第 6 道工序——铣槽的加工夹具，读者可以自行按照分析方法推导第 1~5 道工序的加工夹具。夹具的设计内容主要包含两部分——布局和夹具公差设计。布局是根据 GD&T 图纸的定位要求，公差设计需要根据 GD&T 图纸要求分析影响这个加工特征的尺寸链。

要注意这个新的工艺路线设计是按照零件的 GD&T 要求和功能目的的安排，这个工艺的安排不但要考虑定位的方法，定位时还要兼顾考虑夹紧装置的布置方法，但是定位优先于夹紧。

由于进行到夹紧检具的设计阶段，在汽车行业通常称为 APQP 工艺开发验证阶段，正式工装开发时设计必须已经冻结，默认 GD&T 图纸是正确的。但这个案例原夹具设计中对于 B 基准使用了面支撑，A 使用两点支撑的方法违反了 GD&T 设计意图。

如图 1-192 所示，实际零件因为制造缺陷，不存在公差为零的垂直度，在优先同 A 基准面接触后，就不可能再同 B 面贴合，如果产生 B 基准面贴合，则必然造成零件在 AB 基准体系中的制造偏差。

符合图纸要求的夹具设计应该是 A 是面接触，构建零件的零基准线，进行压紧。然后在克服加工力方向布置 B 基准两点支撑，工装结构如图 1-193 所示。

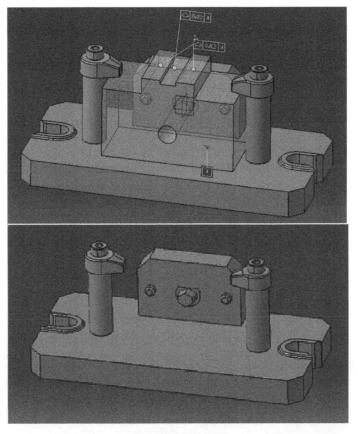

图 1-193　工装结构

对于 C 基准孔的定位使用的是菱形销，菱形销平行于 A 基准面设置。菱形销需要尽可能设计允许的间隙，方便装夹操作。另一种方法是使用伸缩式的菱形锥面销，这种方法理论上是以基准孔的水平方向定位中心，定位更加准确，定位操作也快速，但定位时只是确认了底孔一周的中心线，而非 C 基准孔的柱面整体中心线的情况。

图 1-194 所示是 C 基准的长柱面销设置方法，这种方法定位 C 基准孔考虑了全长厚度的垂直度，更加精确，但是这种设置导致操作者装卸困难，不适合批量比较大的生产，而且长柱面销容易在装卸过程中损坏。

这几种方式需要根据设计和加工条件进行选择。本书讨论使用柱面菱形销的情况，这种情况公差的计算更复杂一些。

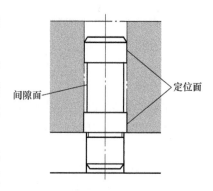

图 1-194　C 基准的长柱面销设置方法

如图 1-195 所示，对于夹具和工件在夹紧切削时的变形可以使用两侧压块，受力不均匀也会影响加工的精度，最好使用液压夹具。

图 1-195　两侧压块受力

图 1-196 所示是夹具的应变分析，零件应变在 0.001mm 左右，实际加工过程可能有粗

图 1-196　夹具的应变分析

铣和精铣，由于精铣过程的切削余量相对较小，切削变形力受到的影响也相对较小。

工艺过程中的误差包含夹具变形和刀具误差两部分，为了方便计算，可以简化夹具的刚性和受外力变形综合误差为 0.001mm。查询机床 X6130 卧铣历史数据，获得机床的刀具定位和抖动等加工的综合精度为 0.02（过程能力指数 Cmk=1，合格率 99.73% 条件）。

根据槽口的 GD&T 要求，0.2mmⓒ | A | Cmmⓒ | B，产品的结构上，定位槽口的公差来源有三部分——A 基准、C 基准和 B 基准。A 基准的公差控制方式是平面度，但作为零件的起始测量点，不适合使用平面度，但 A 基准会影响零件测量的 GRR 指数。因为 C 基准除了公差设置，还需要考虑更多的配合间隙，减少安装、取下的节拍时间，所以放到 B 批准之后考虑。B 基准在夹具上是两个接触点，只是在横向方向因为夹具制造误差（不可避免）和零件 B 基准面的误差对槽口产生横向的位置度偏差。C 基准除了需要计算最大可用间隙，在横向和纵向都会影响槽口的位置度。

槽口的位置度设计目标是 0.47mm（±0.235mm，在最小实体尺寸 12.27mm 时理论最大位置度）。

$$WC = 0.07 + 0.02 + 0.02 + 0.16 + 0.02 = \pm 0.29 \text{mm}$$
$$RSS = \pm 0.18 \text{mm}$$

按照最差的公差累积 ±0.29mm > ±0.235mm，这个工装公差累积会有不合格品（表1-12）。如果只考虑 99.73% 的一次合格率（3σ）水平，RSS 的计算结果表示这个工装的精度可以满足要求。

表1-12 工装的累积误差计算

	A 基准	B 基准	C 基准	D 基准	偏差 $\pm T_i$	备注
零件	0	—	0.07	—	0.07	C 基准位置 = (0.1+0.04)/2
工装夹具	0	—	0.02	—	0.02	C 基准的制造误差初始设定 0.02
C 基准浮动间隙	0	0	—	—	0.02	零件 C 基准孔 - 工装 C 基准销 = (14.04 - 14)/2
D 基准浮动间隙	0	0	—	0.16	0.16	零件 D 基准 = (0.1+0.22)/2
刀具	—	—	0.02	—	0.02	加工设备的刀具定位偏差
累积到槽口的水平方向误差 $\pm T_{总}$			—		0.17804494	$\sqrt{\sum_{i=1}^{n} T_i^2}$

表1-13 所列是将工装的制造精度降低（制造成本降低）到 0.15mm，这个设计仍然能够在 RSS 结果（±0.23mm < ±0.235mm）上保证批量产品的精度。

应该注意，这个是 C 基准销的综合精度，包含了本身的尺寸误差和同夹具基座的安装孔的偏差精度，这个精度落实到夹具的设计，还需要分配给 C 基准销安装孔的位置精度。

表1-13 修正工装夹具的制造精度

	A 基准	B 基准	C 基准	D 基准	偏差 $\pm T_i$	备注
零件	0	—	0.07	—	0.07	C 基准位置 = (0.1+0.04)/2
工装夹具	0	—	0.15	—	0.15	C 基准的制造误差初始设定 0.02
C 基准浮动间隙	0	0	—	—	0.02	零件 C 基准孔 - 工装 C 基准销 = (14.04 - 14)/2
D 基准浮动间隙	0	0	—	0.16	0.16	零件 D 基准 = (0.1+0.22)/2
刀具	—	—	0.02	—	0.02	加工设备的刀具定位偏差
累积到槽口的水平方向误差 $\pm T_{总}$			—		0.23194827	$\sqrt{\sum_{i=1}^{n} T_i^2}$

对于夹具内部的销孔安装精度，例如两个 B 基准销、C 基准销的安装，甚至包括基板上竖着的安装支架与基座之间的销孔配合，可以使用传统的机械设计手册的配合要求来设计。

按照表 1-12，尽量减少销钉安装的误差，又便于以后拆卸维修，最好选择定位过渡配合——H7/k6 或 H7/n6。为了减少后续的夹具验收的反复维修，降低安装难度，最好给出适当的安装孔误差。这里的尺寸链直接从 C 基准和 B 基准的制造误差目标中分配。

6. 机加工零件的加工余量设计

机加工零件的毛坯料（例如铸造件）的设计非常关键，设计工程师需要明确毛坯件的加工余量计算，给出合理的毛坯尺寸。对于零件加工余量设计，使用 LMC 的修正方式来实现控制。在设计管理上，一个零件的毛坯件和机加工后的零件通常分为两个零件号管理，在铸造工艺和机加工工艺过程中分开管理，铸造毛坯图纸作为铸造模具的开发，并且为了方便辨识铸造件的基准通常使用 XYZ 表示，这些毛坯基准通常是铸造缺陷较少、精度较高的支撑面。这些支撑面完成零件的表面粗加工定位。

图 1-197 所示是转向节臂的毛坯尺寸，在轮毂轴径上需要给出毛坯尺寸规格。因为铸造拔模角的原因，轴径上三段柱面的直径定义在关键位置分别距主基准面 X1 高度为 38.05mm、69.98mm 和 112.57mm，因为 X1、X2 和 X3 三个平面不在一个平面上，设计者有义务明确测量起始面。因为 38.05mm 高度的轴径不需要加工，所以按照铸造的工艺，直接给出 $\phi2.4$ 的位置度，现在需要定义另外两个柱面。其中 $\phi45.5$ 的轴径柱面加工为直柱面，$\phi51$ 的柱面加工为外螺纹。

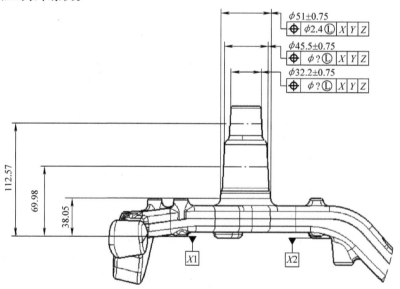

图 1-197　转向节臂的毛坯（X3，Y 和 Z 基准没有在此视图表示出）

按照转向节臂的装配和性能要求，可以得到图 1-198 所示的成品尺寸要求。中间柱面由 A 基准垂直度定义，这个柱面又要满足在 XYZ 毛坯基准位置范围 $\phi1.0$ 之内满足装配性能。所以这个柱面的变化范围在 $\phi37.967$ 的理想柱面之内：

中间柱面的合理尺寸：$\phi36.967 + \phi1.0 = \phi37.967$mm。

按照铸铁的加工余量要求计算：

1）毛坯的边界要求：337.97mm。

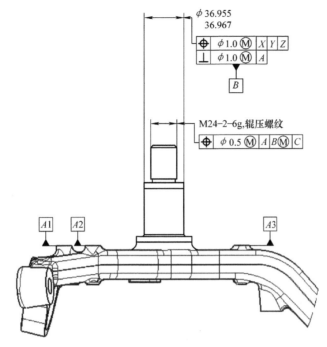

图 1-198 加工后的成品转向节臂（B 和 C 基准没有在此视图表示出）

2）设备加工最小余量要求：2.0mm（双边 4.0mm，来自设备要求）。

3）毛坯工装和加工刀具的综合误差：ϕ0.28mm（来自相似零件历史数据的 SPC 统计结果）。

4）毛坯的铸造位置精度 ϕ2.5mm。

5）结论：当毛坯轴径为最小直径尺寸（LMC）ϕ44.75 时，位置度为 ϕ2.5mm。

中间柱面的毛坯尺寸定义如图 1-199 所示。

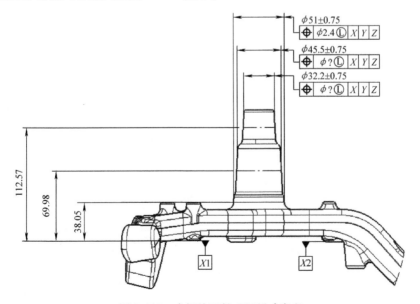

图 1-199 中间柱面的毛坯尺寸定义

使用同样的方法可以定义外螺纹部分的尺寸：

假设辊压螺纹前的柱面中径边界为 $\phi23 + \phi3.5 = \phi23.5$ mm。

可以计算出：

1）毛坯的边界要求：$\phi23 + \phi0.5 = \phi23.5$ mm。

2）设备加工最小余量要求：2.0mm（双边4.0mm，来自设备要求）。

3）毛坯工装和加工刀具的综合误差：$\phi0.28$ mm（来自相似零件历史数据的 SPC 统计结果）。

4）毛坯的铸造位置精度 $\phi3.6$ mm。

5）结论：当螺纹轴毛坯最小直径尺寸（LMC）$\phi31.45$ 时，位置度为 $\phi3.6$ mm。

毛坯和成品的余量对比如图 1-200 所示。毛坯的余量定义如图 1-201 所示。

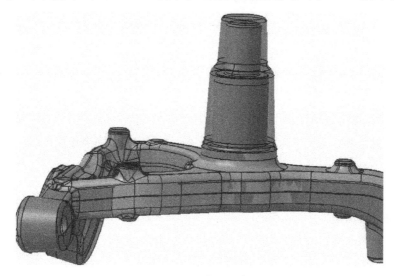

图 1-200　毛坯和成品的余量对比

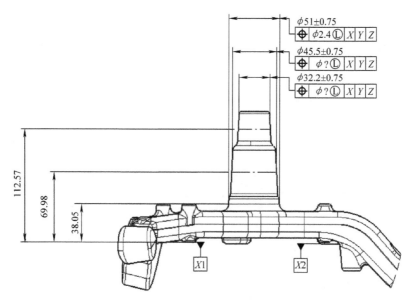

图 1-201　毛坯的余量定义

第三节 塑料件设计

一、塑料件的材料及工艺设备

塑料件的材料有几千种,塑料原材料形式也多样,最常见的是圆柱或圆形颗粒。这些塑料原材料在外观上非常相似,图 1-202 所示为 PP/PE/PS 三种原材料颗粒。

但是在应用这些材料时应特别注意,在操作时、在废料粉碎机和存储容器中不能够混合,还要注意这些材料避免被水、灰尘和周围环境污染。

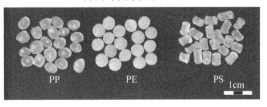

图 1-202　PP/PE/PS 三种原材料颗粒

原材料需要加热融化才能成型到模具中,融化温度范围在 130～450℃,并且要长时间维持这个温度。在注塑机起动和停止使用阶段,注塑机需要空射一部分融化的塑料,这个动作称为清料,如图 1-203 所示。

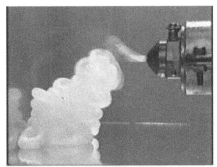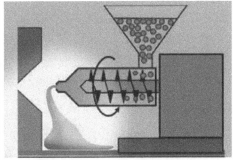

图 1-203　注塑机清料过程

塑料的另一种形式是回料,是循环利用每次注塑后的废料经过粉碎的二次原料。回料通常以一定的比例同新料混合制造产品。

塑料产品中通常还会用到色母,这些色母以很小的比例混合到原材料中,形成塑料产品的颜色,如图 1-204 所示。

如图 1-205 所示,塑料颗粒首先存储在注塑机的料斗中,经过加热炮筒和炮筒前端的喷嘴进入模具模腔,冷却后形成产品。

如图 1-206 所示,注塑模具一般分为两部分,两部分分别锁定在注塑机的浮动压板和固定压板上(图 1-207)。注塑时,注塑机的锁模机构夹紧模具的两半。锁模机构是注塑机性能的一个重要部分,有液压锁模、肘节式和混合式,一般锁模力范围在 100～

图 1-204　色母

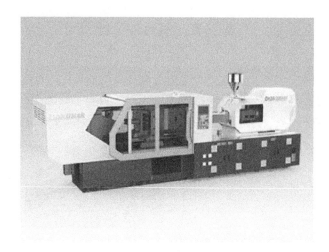

图 1-205　注塑机外观

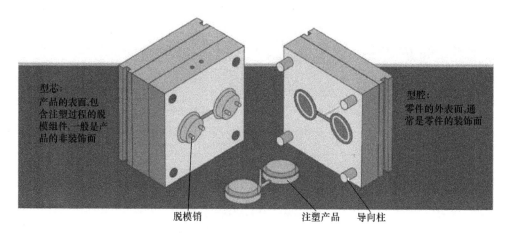

图 1-206　注塑模具

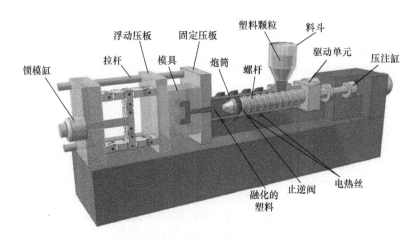

图 1-207　注塑机结构

500t。混合式（机械和液压混合方式）一般应用在大型液压设备上，可达上千吨。

具有两部分的模具的流道通常连接到产品上，需要再次手工活机械去除。具有三部分的模具将流道成型到一、二部分模腔，产品成型到二、三部分模腔，这样依次打开一、二、三部分模板时，模具可以自动去除流道。

如图 1-208 所示，注塑机控制面板上有压力、温度、时间和锁模力的控制。虽然注塑机控制面板有很多种，但是控制方式基本一致，其中大概有 30 项常规设置参数。

虽然工艺参数很多，但是并不像看起来这么复杂，这些参数实际都按照相同的注塑循环设置参数，掌握一种注塑设备的参数设置，其他品牌的设备操作大同小异。

注塑机之间性能会有差异，对每个产品都需要独立进行参数设置来达到预期的质量目标，所以参数需要工艺部门进行 DOE 研究，以获得最佳的注塑机参数配置。

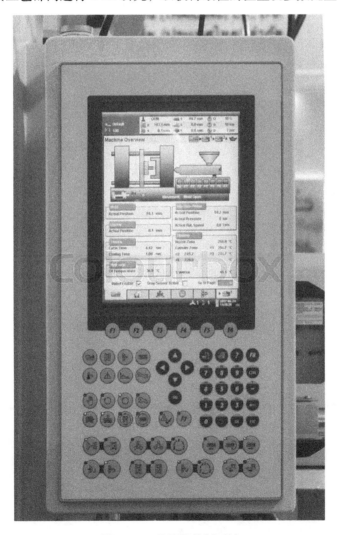

图 1-208 注塑机控制面板

注塑材料的尺寸缺陷主要是由于材料的收缩率变化导致的，影响收缩率偏差的主要原因如下：

1) 塑料材料的类型及辅料。
2) 模具设计使用的收缩率（可能与实际材料收缩率不一致）。
3) 模具的注塑环境条件。

如果模具已经设计完成，在生产过程中能够改善尺寸的方法只有通过注塑条件来稳定材料的收缩率。零件的收缩率变化复杂，在零件的各个方向上都可能不同，也可能在特定的结构上存在收缩率不同。

通常通过零件的4个尺寸来确定尺寸偏差：
1) 整体零件尺寸偏差（例如零件外形的长、宽、高）。
2) 零件的长宽收缩比例不同。
3) 零件内部特征之间的偏差（例如两个孔之间的中心距偏差）。
4) 一腔多模注塑产品中，不同型腔之间零件的尺寸之间不一致。

这些尺寸偏差是由于注塑时的产品内部应力产生的，分别是分子内部方向性的应力和分子间的应力产生的。

塑料在分子取向的方向和非取向的方向收缩强度和比例不同，可以通过改变填充速度和冷却速度来改变分子的取向。

分子间的应力是导致塑料收缩的主要原因。分子间的应力是因为塑料分子间距比正常间距大或小导致的，这是由于注塑时会受到压力和冷却的影响。当塑料被加热时，塑料分子间距变大，导致零件整体膨胀。当注塑到型腔时，注塑机的压力导致分子间距变小。当冷却时，外层塑料先冷却，这些塑料的分子间距比正常要小，分子间产生互斥的应力，但中间层的塑料冷却后间距太大，相互处于拉伸状态，中间层的拉伸应力比外层的压缩应力要大得多，导致零件产生收缩。

如果是结晶塑料或半结晶塑料，结晶数量也会影响收缩率。冷却快，结晶数量少，收缩率较小。冷却速度慢，结晶数量增多，塑料的收缩率变大。

二、内外饰塑料件的典型结构

汽车内饰件是指车内的塑料件，如图1-209所示。

汽车外饰件是指车身外部的塑料件，主要包括前后保险杠、进气格栅、前照灯、天窗和门把手等。

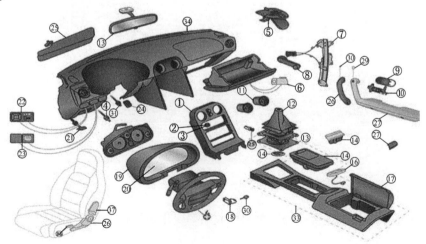

图1-209　汽车内饰件

前保险杠蒙皮结构如图 1-210 所示。泡沫衬垫和高强度横梁组成了前后保险杠模块。前保险杠模块结构如图 1-211 所示。前后保险杠模块的功能是为了吸收低速冲击能量，以保护汽车的前后端和减少对乘员的人身伤害。前后保险杠模块可以保护发动机舱、行李舱盖、车身框架、油箱、排气系统、停车灯、前照灯以及尾灯。除了安全功能，前后保险杠也有造型和装饰的作用。前保险杠需要同前照灯、翼子板、机盖、进气格栅和轮胎防溅板进行匹配，要满足这些装配的间隙和面差。这部分安装区域几乎成为所以汽车企业装配线上的核心问题。

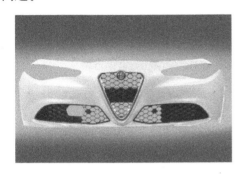

图 1-210　前保险杠蒙皮结构

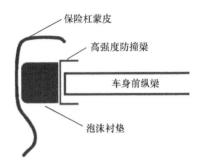

图 1-211　前保险杠模块结构

前保险杠蒙皮的造型设计要满足空气动力学，以降低风阻，并且要允许一定的空气进入发动机舱进行冷却，在造型上还应该满足美感的要求。前保险杠作为整车造型的关键部位一直是各大汽车企业工作投入的重点，配合格栅造型，有些汽车厂家甚至有固定的前保险杠蒙皮造型设计，以区别于其他厂家，例如克莱斯勒吉普系列车型的七虎造型和宝马的双开孔造型等。

保险杠蒙皮的材料需要流动性好，且耐紫外线。塑料材料主要使用 TPO、PC、PP、PU等，高端车型也有使用碳纤维材料。

前保险杠设计应该遵循以下设计原则：

1）主动安全：保险杠的设计应该满足汽车凸出物的法规要求。

2）被动安全性：保险杠应该在撞击时提供前后部车身的保护，有良好的吸能作用，并且能够降低对行人的伤害。

3）外观一致性：保险杠蒙皮的造型应该与整车保持一致。

4）容易安装和拆卸：安装保险杠时，注意不能和相邻的零件干涉，各零件间的间隙应该均匀，安装点应该符合人机工程学。

保险杠材料的选择应该考虑到汽车的运行环境，包括温度、湿度和接触媒介等。改性PP 是一个热塑性注塑材料，有良好的阻热性（80～100℃），冲击性强度在 $0.3～4J·cm^2$，抗拉强度范围为 29MPa～30MPa，有良好的注塑性能和耐候性能，非常适合作为保险杠蒙皮的材料。

除了热塑注塑工艺，反应注射工艺（RIM）也有广泛应用。反应注射模的模具设计更加简化，如果没有添加磨损性很高的添加剂，甚至可以使用铝来加工，而且模具不需要和注塑工艺那样大的锁模力。在模具结构上，RIM 产品的表面比较坚固，所以脱模结构上不必担心划伤，即使有脱模干涉也不影响成型，所以 RIM 工艺赋予产品设计更大的自由度。已经有公司使用 RIM 工艺制造整体塑料车身。对于重量来说，RIM 工艺产品中间是泡沫，外侧是结实的表层，比热塑性塑料重量要轻。但缺点是 RIM 工艺需要两种材料混合，在模具中需要充分反应，这样节拍就会变长。另一个缺点是如果两种材料在模具中没有完全反应，在烤漆升温时，这些未完全反应的材料会继续进行化学反应，材料内部产生的气泡会在油漆表面上产生麻点。

保险杠具有安全和装饰两重功能。作为汽车显著特征的保险杠处于不停的创新之中，也朝着更美观、更吸能、重量更轻、成本更低和更具有燃油经济性的方向发展。前保险杠模具如图 1-212 所示。

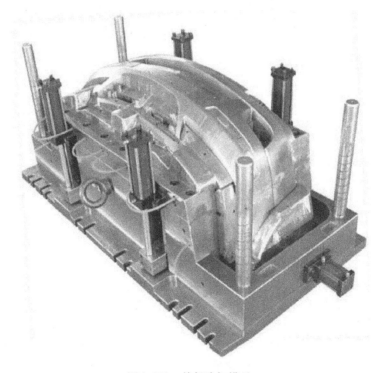

图 1-212　前保险杠模具

如图 1-213 所示，前照灯设计兼顾造型和功能目的，负责车辆正前方的路面空间照明。前照灯是汽车外观特征的主要造型零件之一，也是汽车技术革新的焦点之一。前照灯的照明功能可以划分为两类——"看"和"被看"。近光灯、远光灯是为了"看"，信号灯例如雾灯、转向灯是为了"被看"。灯光照明必须符合道路交通法律、法规。

近光灯是为了确认前方是否有车辆，要设计成不对称的投影空间，防止对面来车的眩目干扰，如图 1-214 所示。

远光灯提供足够明亮的灯光，尤其是以汽车中线为光照强度集中的道路照明空间，不需要考虑对面来车的影响，所以远光灯只适合路面没有其他车辆或高速公路时使用，如图 1-215所示。高档汽车会根据前方路况自动切换远近光灯，而且会根据车身传感器在道路转弯时实现灯光随动，提高了汽车驾驶的安全性。

前照灯设计要考虑造型要求（图 1-216）、光学和热稳定性。

图 1-217 所示是魔鬼造型的前照灯，中间是远近光灯。这个设计存在大部分的空白区

图 1-213　前照灯设计

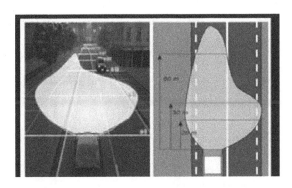

图 1-214　近光灯光照空间

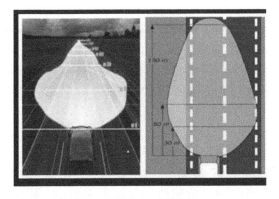

图 1-215　远光灯光照空间

图 1-216　自然界的眼睛造型

域,美感不足。

如图 1-218 所示,花瓣造型有多个光源保证远近光灯的照明,也整合了侧面标志灯。这种方式整合多灯源,对于光线控制比较复杂,比较难以制造。

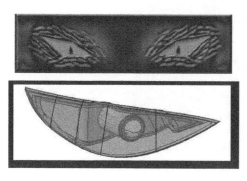

图 1-217　魔鬼造型

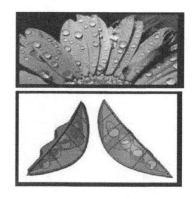

图 1-218　花瓣造型

鹰翼造型将远近光灯单独两个模块布置。这种方式在造型和功能上更加合理,如图 1-219 所示。

根据 ECE 关于前照灯的法规,水平线以上特定的角度和水平线以下的角度灯光的强度都有严格的规定。

前照灯结构初始设计如图 1-220 所示。

配光设计需要模拟软件来实现,通常使用 Lucid-Shape 来验证设计是否符合法规要求。远光灯使用的

图 1-219　鹰翼造型

是反射器,可以将设计的反射器几何形状导入到 LucidShape 软件环境进行灯光模拟。从 25mm 的焦点距离迭代测试,根据显示在距灯源 25m 的墙面上灯光密度等高线评估是否符合

108

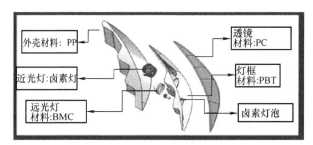

图 1-220　前照灯结构初始设计

ECE 法规要求，光学分析如图 1-221 所示。

前照灯的热稳定性通过热分析完成，如图 1-222 所示，温度最高的点出现在灯泡表面，温度值 772℃。远光灯反射器表面的最高温度为 350℃。外透镜的最高温度为 120℃。也可以通过观察温度中心区域灯泡表面的等值线图来判断热影响，光学分析如图 1-221 所示。

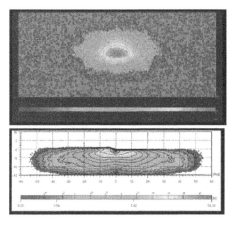

图 1-221　光学分析

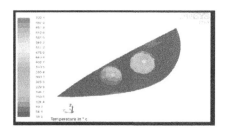

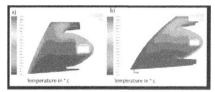

图 1-222　热分析

如果理论模型达到设计要求，就可以试制手工样件，例如 3D 打印前照灯各个部件，Hella 等公司提供各种规格的卤素灯泡，这些实际部件完成后可以进行实物验证和改进。这个设计可以进行改良，例如使用 LED 作为光源，增加侧面标志灯，增加通风系统改善前照灯内部的热集中问题，如图 1-223 所示。

图 1-223　LED 前照灯设计效果

三、汽车内饰设计

汽车内饰主要是围绕仪表板进行设计布局。图 1-224 所示为针对城市道路、考虑安全性、采用电动仪表板的小型电动汽车座舱布局。

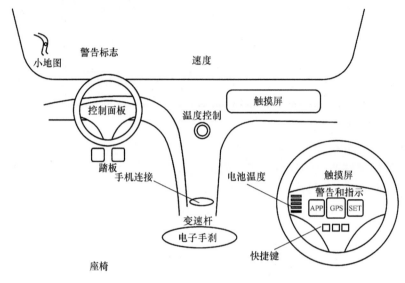

图 1-224　汽车座舱初始布局

如图 1-225 所示,这个设计特点是在转向盘上布置了触摸屏,给用户现代感、便捷的操作模式,并且仪表板装备了驾驶人抬头显示装置,显示道路信息、驾驶速度和其他一些警告标志。

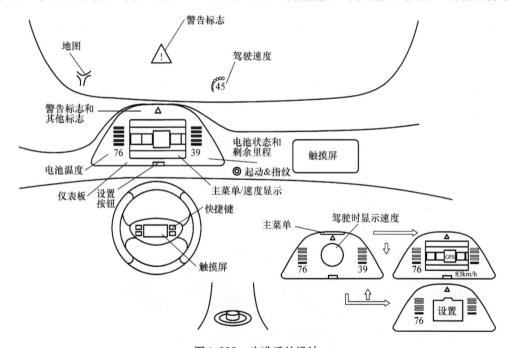

图 1-225　改进后的设计

然后是根据方案后的细节设计(图 1-226),这里要注意用户界面的色调搭配,色调要和背景有明显的对比度,并应保持界面简洁。尽量使用图形符号表示操作,例如主菜单使用习惯的房屋符号,设置使用齿轮符号,3D 效果如图 1-227 所示。

图 1-226 仪表板的细节设计

图 1-227 3D 效果

第四节 电子产品的公差设计

一、新能源汽车直流充电接口

我国新能源汽车充电接口的国家标准 GB/T 20234.3—2015 定义了充电接口的尺寸要求，接口结构如图 1-228 所示。充电接口的尺寸质量控制直接关系到充电式汽车的充电的可靠性和用户满意度。充电接口使用频繁，承载电压电流过大（上限 1000V，250A），并且要求很高的互换性，这些性能离不开合理的 GD&T 几何尺寸公差设计和可靠的检测方法。

图 1-229 所示为接口尺寸要求的基准框架，基准框架定义为 $A\mid B\mid C$，主基准为 A 基准。

如图 1-230 所示，标准对 A 基准的定义方法在理解上有歧义，两条中心线有可能是两个中间的导电销，也可能是两个同心的销孔。按照尺寸控制会有更好的可重复性和模塑的制造工艺，选择两个销孔作为主基准较好，两个孔形成的中心线定义了这个接口的高对称性。另外，在这个接口和公口的结合过程中，销孔最先对齐，从销的操作功能上来说，使用销孔作为主基准比较合适。

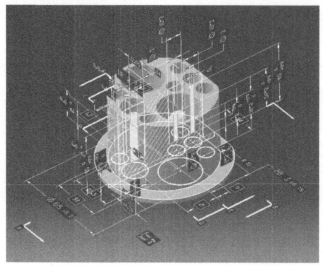

图 1-228　按照 GB/T 20234.3—2015 尺寸要求生成的接口结构

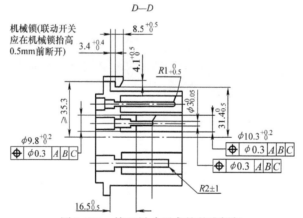

图 1-229　接口尺寸要求的基准框架

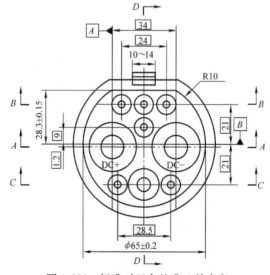

图 1-230　标准对于主基准 A 的定义

如图 1-231 所示，通过标注的另一视图判断，接口最重要的主基准同时被销参考，又被销孔参考，对于基准设计这是不合适的，基准不能参考自身。如果主基准定义有问题，那么后续的公差都存在关联错误，任何检测方案和检测工具都不能实现这个视图中尺寸的测量，更谈不上质量控制。虽然国标中给出了尺寸要求，但是无法按图加工出，需要各个厂家自己解决这些问题，也可以判断当前各个厂家的接口产品一致性必定差异很大。

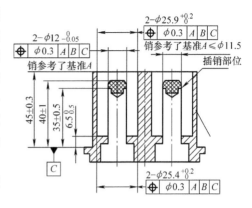

图 1-231 标准基准定义的正确理解

但是如果通过这个接口的功能、工艺分析和国标中关于尺寸的要求信息，以最好的装配性能、制造工艺和测量可行性要求还是可以找到接口的设计解决方案。

如图 1-232 所示，这里使用两个底孔 $\phi 25.9$ 作为基准，这个位置度不需要带基准，表示两个孔在空间上互为基准，相对位置取标准中设定的 $\phi 0.3$ 公差带。因为这个销孔有拔模角，另一端 $\phi 25.4$ 使用相对底孔的同心控制即可。

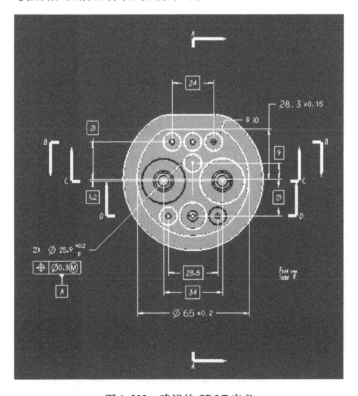

图 1-232 建议的 GD&T 定义

厂家在开发这个接口产品的时候要首先解决基准的问题，对于基准设计要满足 3-2-1 原则，国标对于 3-2-1 原则的定义比较模糊，图 1-233 所示的设计基准的方式也是常出现的基准设计问题，结果是无法设置测量，质量得不到适当的检验。直接将基准指定在中心线而非实际零件特征上的时候，GD&T 是明确不允许的，GPS 确实有这样的标注方法，但是 GPS 也指出，设计者有责任在这种情况下要格外说明这个中心线形成的实际特征是哪个或哪些。

如果考虑上下方向控制，两个主基准孔 A 已经实现这个约束了，不需要这个 B 基准的出现。实际上 A 基准已经实现了三个方向上的约束，六个自由度中的另外三个平移和旋转最适当的位置应该是 A 基准的垂直方向。

图 1-234 所示是 B 基准按照装配功能要求、模具的加工工艺、测量可行性最佳位置这个法兰平面（这个图纸尺寸不完善，在后续工艺中逐步完成）。

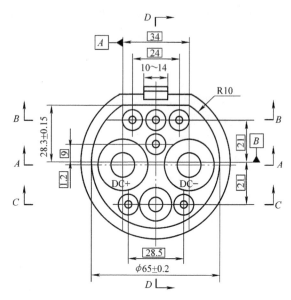

图 1-233 对于第二基准，国标指定在中心线位置

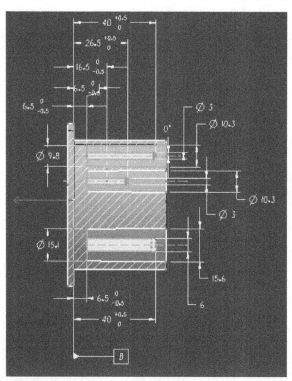

图 1-234 建议 B 基准的定义方法

通过基准 A 和 B 组成的基准框架已经满足 3-2-1 要求，无论三坐标测量坐标系的建立，还是模具加工工艺要求都能条件足够了。不需要第三个基准。

综合评估国标中的基准框架 A│B│C，虽然定义上逻辑不清楚，但是 A│C 基准确实是这个产品的重要特征，结合产品的公差要求，可以按照当前的国标设计信息开发出高质量的充电接口，如图 1-235 所示。这也是问题图纸的分析方法思路：重要的是发现问题，并能够提炼出有用的设计信息，解决现有的生产问题。

如图 1-236 所示，$A|B$ 的基准框架建立完成，考虑到 A 基准作为电极的公母件之间隙装配的情况，最好使用 MMC 修正公差，MMB 修正基准，所以基准框架在后续的定义中引用为 A（mmb）$|B$。作为频繁插拔的使用状况，各个公司对于电极应设置有缓冲的机构和导向的装置，清楚电极的位置公差要求，可以计算机构的可靠精度范围。

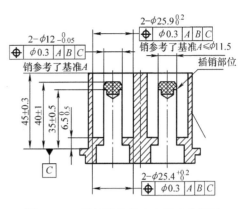

图 1-235 国标的基准 C 也是这个平面

对于位置度的公差值设计，通常是通过公差叠加分析在概念设计阶段分析计算出来的，是另一个重要的公差设计领域。

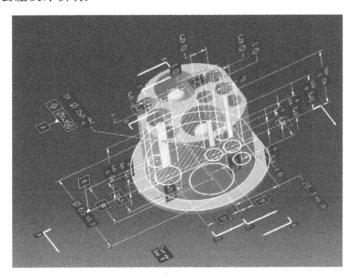

图 1-236 基准定义好后的效果，A 为主基准，B 为次基准

如图 1-237 所示，此案例是为了集中讨论 GD&T 的设计问题，作为此充充电接口产品，假设是以现有的行业工艺水平，按照标准中给出的位置度公差来设计。

对于接头母件，可以按照位置度公差的设计原理来计算配合公差值。

图 1-238 所示是连接器的电极 GD&T 定义。将 A 基准再分解为两个独立的子基准，因为对于中间的铜电极，它们的位置关系独立控制为对应的 $A1$ 和 $A2$ 基准，有利于工艺成本、精度的实现和电极的同心控制。

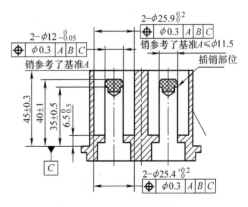

图 1-237 国标中充电接口标准在此视图中的位置度

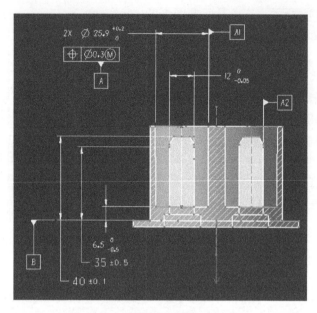

图 1-238　连接器的电极 GD&T 定义

图 1-239 所示是按照围绕基准 A 的相关特征的 GD&T 定义,梳理这些尺寸关系,需要合理地关联相关的尺寸,例如左侧铜电极同 A1 基准的定义同心关系更适当。因为从装配要求来说,左侧孔 A1 和右侧孔 A2 的相对位置是第一组关系,左侧孔和左侧电极是第二组关系,右侧孔和右侧电极是第三组关系。第二组中,左侧孔和左侧电极之间的同心度关系大于其他尺寸关系,所以使用位置度控制同心关系定义,但如果使用绝对坐标系 A(mmb)｜C 基准,就浪费了制造精度。

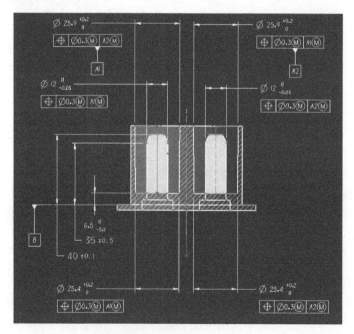

图 1-239　接口的 GD&T 定义

同理，定义左右两侧电极孔的底孔 $\phi 25.4$，电极底孔的尺寸比电极上孔的尺寸缩小 0.5mm，这个一方面是出于对拔模斜度的考虑，另一方面是由于锥面有对中性的导向功能。

电极和电极孔是充电接口连接时首先对齐定位的特征，其质量非常重要，要求优先分配加工精度，在模具的制造过程中优先保证的尺寸。国标对于接口电极的 GD&T 定义逻辑性不强，尤其是基准的引用不够合理。这是在研发和制造过程中需要注意的要求。

接口 GD&T 定义的 3D 视角如图 1-240 所示。

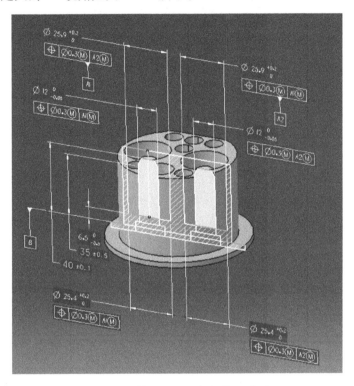

图 1-240　接口 GD&T 定义的 3D 视角

二、几何公差应用在 NVIDIA 公司开发的 TESLA M6 主板上的测量技术分析

电路板上的每个元件相当于一个精密部件，芯片的复杂程度导致了对 PCB 制程的精度要求极高，如何能够在高精度的要求生产上保证足够的合格率，笔者引用 NVIDIA 公司开发的 TESLA M6 主板这一案例，从技术规范方面着眼详细分析并阐述了几何公差（GD&T）在电子行业中的重要作用。图 1-241 所示是 NVIDIA 公司开发的 TESLA M6 主板。选择 NVIDIA 的主板作为案例的原因是 NVIDIA 同现行的自动汽车驾驶公司合作的产品项目比较多，因而具有汽车电路板设计的代表性。

图 1-242 所示是 TESLA M6 主板上的工装孔，B6 两个孔用于固定主板，中间四个 B7 孔用于导热孔。电路板适合投影方式的 2D 检测，构造基准方法有其适应 2D 尺寸检测的特点：

基准框架：A∣X∣Y，A 是主基准面，注意这个基准框架定义符合右手原则。主基准面测量取点选取范围应是主板同基座接触的螺柱支撑面的大小，应该是这两个 B6 孔的镀金圆环面积。如果选择整个主板作为 A 基准面，GR&R 将会很差。

图 1-241　NVIDIA 公司开发的 TESLA M6 主板

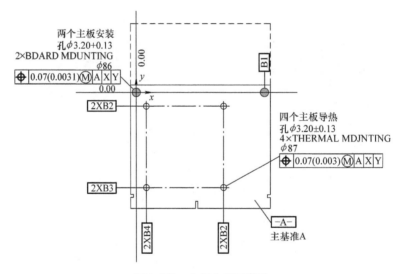

图 1-242　主板上的工装孔

X 基准面是这个主板的第二基准，它由两个 B6 基准孔连线构造得到，其中左侧的基准孔为主基准孔，右侧的基准孔为次基准孔，现代测量软件通常能够直接取孔创建中心点连线并对齐 X 方向，测量时投影到 A 基准面上。

Y 基准面是这个主板的第三基准，通过 B6 左侧主基准孔中心，并垂直于基准 X 创建。

测量时 X 和 Y 都投影到 A 基准面上，并检验构建 AXY 的基准精度。原图的标注方法无法使用 MMB 符号，根据功能判断，建议两个基准孔使用 MMB 修正，以提高合理的合格率，减少 PCB 浪费。对于精密的 PCB 产品，MMB 的修正是合理的，可以减少因为误判而带来不必要的浪费。在获得测量数据的情况下，强调合格品的合理判断原则的质量控制方法，可以减少浪费。

位置度：B6 主基准孔是坐标原点，B6 次基准孔相对于主基准孔的位置度为 $\phi0.07\mathrm{mm}$（0.003in），并且在基准孔尺寸从 $\phi3.07$ 变化到 $\phi3.33$ 时，可以获得 $\phi0.26$ 补偿（MMC 修正）。MMC 可以在不影响装配的情况下提高电路板的合格率。

位置度：四个主板导热孔的位置公差为 ϕ0.07MMC，同样可以合理地补偿位置公差，减少浪费，基准参考了 A|X|Y 框架建立。

工装孔建立了电路板的外部链接的尺寸。Mark Point（也称 Fiducial Mark，即标记点）则建立了印制电路板的内部尺寸，决定了 SMT 的贴片精度，如图 1-243 所示。

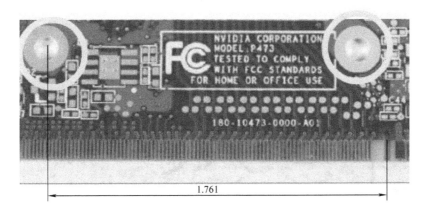

图 1-243 电路板的特征是标记点，直径通常为 1~3mm

标记点通常为圆形，这是因为圆形比其他形状（如方形或三角形）的定位可重复性更好，所以最好不要使用其他形状，如图 1-244 所示。标记点的合理设置可以给后续的 SMT、AOI 检测提供足够的精度。

图 1-245 所示是标记点的三层布置，第一层全局坐标系，SMT 定位电路板，但是因为电路板局部的偏差和变形会影响芯片位置精度，需要第二层的基准点补偿，通常设置在套材内每块电路板的对角线上。标记点在对角线上的位置应该不等以防呆。全局和局部基准点通常有 3 个，可以充分对齐补偿坐标偏差。

图 1-244 标记点的原理图

如图 1-246 所示，第三层是针对如 QFP 封装的芯片，管脚细密偏多，需要比其他元件更精密的位置控制。第三层的基准点有助于在局部提高电路板触点精度和 SMT 贴片准确性，如图 1-247 所示。这种定位方法有助于 PCB 合格率的提高，降低 SMT 设备的精度要求。如果 4 个元件在一起，可以设置整体一对标记点。

图 1-248 所示为镀金触点的 GD&T 定义解读：
1）镀金触点阵列的 GD&T 定义，第一行是镀金

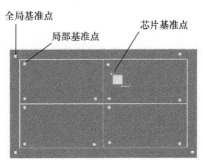

图 1-245 标记点的分类

触点的整体位置偏差，使用 LMC 定义，公差为 0.15 平行线，坐标基准框架为 BCD。第二行为各个触点之间的相互位置，使用 RFS 定义，公差为 0.05 平行线。

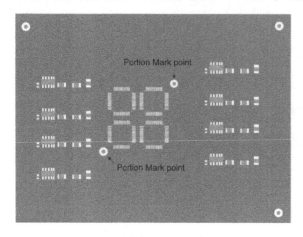
图 1-246　QFP 封装的芯片的局部定位标记点

图 1-247　镀金触点的精度是这个主板的关键尺寸

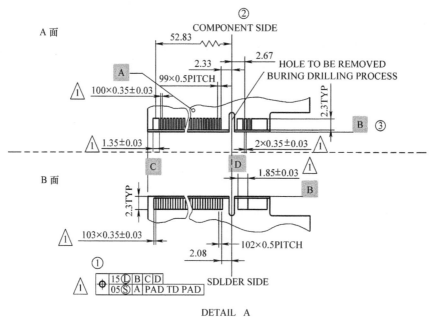
图 1-248　镀金触点的 GD&T 定义解读

2）D 基准，PCB 的 A 面和 B 面都参考同一 D 基准定位，D 基准为 1mm 槽的中心线形成。因为这些金属触点是 PCB 内部尺寸，而基准 D 作为定位这些触点的位置参考，D 基准是按照图中的标记点来定位的。在基准槽 D 未加工之前，印制电路板是通过这个位置的一个被加工掉的临时标记点完成。

3）基准 B，条形镀金触点需要同 D、C 定位，同 B 垂直。

NVIDIA 公司在制程控制上，对于镀金触点采用的控制方法是所有触点在位置上由两端的 D 和 C 来控制，且要保证触点之间的距离，对 D 和 C 来说，通常只要保证一个即可，这可以看作 NVIDIA 公司在制作这些条形触点时为了精确控制这些触点的尺寸，作为关键工艺步骤，采取了重复校核的检验方法，避免上百个触点间距产生公差累积现象，不能视之为错误。

如图 1-249 所示，这些触点只是上表面接触，所以应该保证上表面的精度，上表面的中心线相对于 D 基准位置的整体位置精度为 0.15，且使用 LMC 定义，定位于 D 基准。因为这些触点之间的距离需要保持尽量均匀，所以使用 RFS 定义方式，且这些上表面的中线相互间的位置度为 0.05mm，平行于 D 基准。这种定义 GD&T 的方式是为了区分不同阶段的工艺精度，尽可能提高产品的合格率。

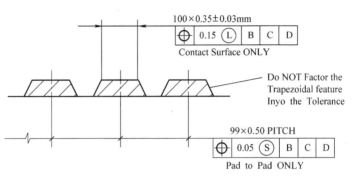

图 1-249　镀金触点的 GD&T 定义

图 1-250 所示是与 PCB 上的镀金条形触点连接的接口结构的 GD&T 定义要求。可以看到，连接器同 PCB 有同样的 D 基准对齐，为了重点分析 PCB 触点，我们只提取触点相关的装配信息。PCB 的 D 卡槽同接口上的 D 销间隙装配。

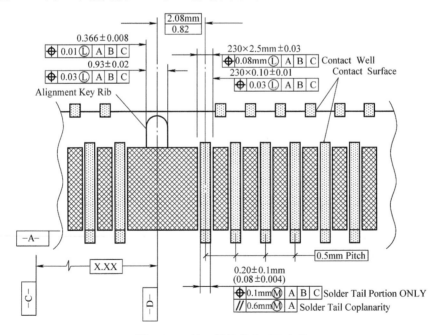

图 1-250　接口结构的 GD&T 定义

如图 1-251 所示，需要保证连接器和 PCB 的镀金触点的接触面积在 0.15mm² 以上。

如果定义了连接器的每个接触槽口，尺寸如图 1-252 所示，那么产生的边界如图 1-253 所示，假设其中 PIN 的接触宽度为 0.15mm，在极限位置 LMC0.23 尺寸时，因为接触槽的本身定义的 LMC 位置度为 0.1mm + 0.06mm = 0.16mm，合并由于 PCB 上镀金触点的 VC =

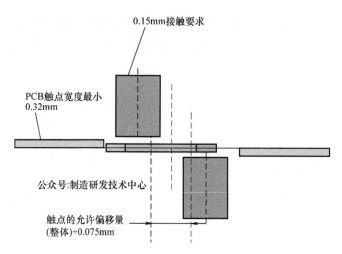

图 1-251 LMC 定义下的镀触点和接口的连接偏差研究

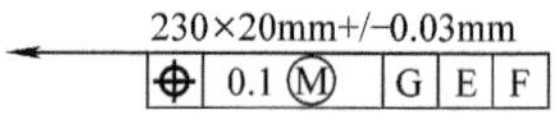

0.17mm 宽度，同 0.23mm − 0.15mm = 0.08mm 的多余重合宽度，这些在连接器上的接触槽可以获得共 0.16mm + 0.08mm = 0.24mm 宽度的位置浮动量。因为 PCB 上两个镀金触点之间的最小间隙为 0.07mm，需要检验连接器槽口是否对两个邻近 PCB 上的镀金触点出现搭接的情况，当镀金触点和连接器的偏离方向相反，公差叠加分析结果：连接器槽口单边偏移最大 0.21mm −（镀金触点单边 0.085mm + 镀金触点最小间隙 0.07mm）= 0.055mm 有潜在搭接可能。

图 1-252 连接器的接触槽口定义

```
Contact Slop=contact wel size−.15mm(0.006  )contact width
Contact Well,    True Position,   Contact Slop    Total Positional Tolerance
MMC.17mm,        0.1mm       +      0.02mm    =   0.12mm(+/−0.06mm)
MMC.0066″,       .004″       +      .003″     =   .0047 (+/−.0023″)
LMC.23mm,        0.16mm      +      0.08mm    =   0.24mm(+/−0.12mm)
LMC.009″,        .006″       +      .003″     =   .009 (+/−.0045″)
```

图 1-253 连接器接触槽口的边界计算

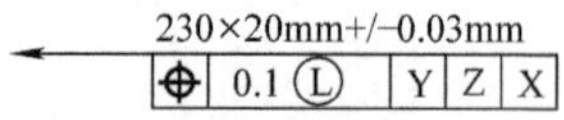

如图 1-254 所示，为了避免干涉情况，可以使用 LMC 定义，具体原理是在最小实体尺寸 0.23mm 时位置度为 0.1mm，最大实体尺寸 0.2mm 时位置度为 0.166mm，交换了 MMC 定义时的偏移数值。

图 1-254 LMC 修正的触点 GD&T

第二章 连接设计与高强度螺栓 VDI2230

螺栓头部和螺母的接触应力分布不是均匀的，螺栓连接的接触应力一般如图 2-1 所示，这是假设螺栓头部和螺母恰好平行于接触面的应力分布情况。在实际零件上，这些接触面不可能保持平行，因为孔的轴线总是和这些表面存在一定的垂直度，所以此图显示的也只是一种理想状态，实际的应力分布应更加不均匀。

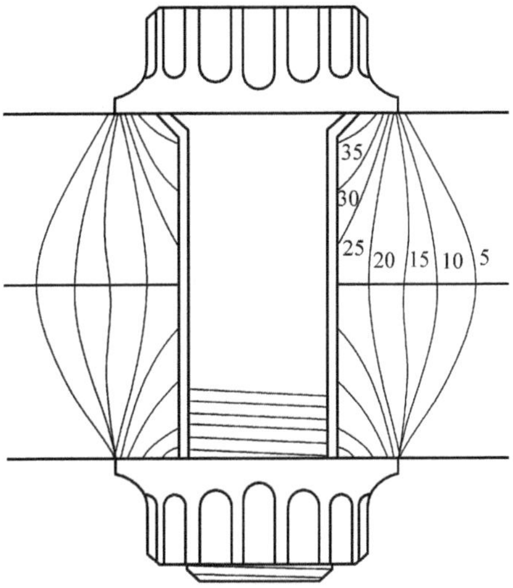

螺母和螺栓头部产生接触应力，也是螺栓连接的主要目的，即存储在装配过程中输入的夹紧能量。接触应力会导致螺栓头部和螺母逐渐下陷嵌入到连接面以下，反过来又导致螺栓产生松弛，释放出一部分夹紧能，这对连接控制不利。减少嵌入现象的方法是减少接触应力集中，通常使用垫片或法兰螺栓解决这个问题。

克服嵌入现象需要减少接触应力集中，所使用的垫片需要满足一定的刚性来传递接触应力，而垫片的刚性是通过增加垫片的厚度来提高的。

图 2-1 等应力线的分布（100klbf/in², 1klbf/in² = 6.9MPa，图中的单位为 ksi）

更厚的垫片有更好的刚性，可以有效减小螺栓连接中垫片和接触面之间的应力，也减少了连接变形。接触应力的控制临界点是根据连接材料的压应力屈服强度设置。

应该注意的是，由螺栓连接产生的夹紧力在连接件上的应力分布不均匀，这就意味着两个零件的连接界面产生的应力不均匀，这通常是导致连接处衬垫问题原因。图 2-2 所示是连接界面上的应力分布，可以看出，距螺栓孔的边缘距离越远，接触应力越小，在大概 2~3 倍距离孔径边缘距离的接触点的应力几乎为零。避免衬垫零压力的出现（漏油或渗漏问题）的解决方法是增加连接螺栓的数量，通常螺栓孔布置间距为 1.5 倍螺栓孔距离，以避免产生无接触应力的部分，达到均匀分布接触界面的应力的目的。但这样导致的问题是零件需要加工太多的螺栓孔，降低了零件的强度，甚至在结构上产生装配干涉。

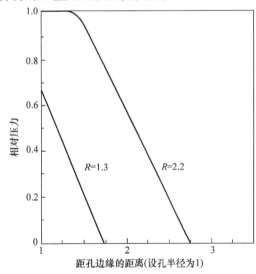

图 2-2 连接界面上的相对压力与距螺栓孔的边缘距离之间的关系，R 是比例值，代表螺栓头部

第一节 螺栓的静态失效问题

螺栓连接零件静态失效的可能性比较低，一般发生在剪切应力的情况下。设计者需要清楚连接设计中哪些截面比较薄弱，能够导致失效。通常这种失效方式都是承重式连接方式，过程是摩擦连接先失效，然后接触螺栓产生挤压，失效模式如下，如图2-3所示。

螺栓连接受到的载荷种类中，剪切应力失效比较容易预测和计算：

$$F = \sigma_b(2A_B + A_s)$$

式中 F——连接设计载荷；

σ_b——连接材料的抗拉强度；

A_B——连接零件的横截面积；

A_s——螺纹部分的等价横截面积（可查手册）。

当拧紧螺栓时，螺栓受到转矩，因此螺栓受到扭转应力载荷。扭转应力同螺栓的拉应力的组合作用可能超过螺栓材料的屈服强度和抗拉强度，进而导致螺栓失效。这个扭转载荷即使没有导致螺栓失效，由于几分钟后会逐渐释放消失，常常导致拧紧后螺栓的松弛问题，单扭转载荷也会因此抵消一定程度的接触面嵌入、螺栓间的弹性干涉和衬垫的蠕变等问题。

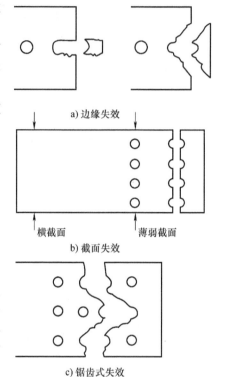

图2-3 径向剪切力失效模式
a) 边缘失效 b) 截面失效 c) 锯齿式失效

连接件的上下表面在实际装配中无法保证平行，螺栓会因此在拧紧过程中产生轻微的弯曲，弯曲应力会增加螺栓受弯曲一侧的拉应力。一方面，设计者需要定义两个接触面的几何形状，例如平面度和垂直度等。另一方面，如果需要计算这个弯曲应力，分析者需要测量连接面的几何误差，从而知道螺栓的弯曲弧度和弯转力矩。这个分析在有衬垫的连接装配中经常使用。

第二节 螺纹的精度

螺纹的精度是指螺纹螺距的精度等级，设计时需要针对连接条件选择合适的螺纹精度，不同的螺纹精度有不同的优点。

粗螺纹应用最广泛，因为粗螺纹有更大的防止螺纹滑扣强度，一般应用在要求强度稍弱的螺母或连接材料上，或大直径（大于25mm）的螺栓上。

粗螺纹也因具有容易拧入、更快速拧进的特点而被广泛使用。

精密螺纹是指3级以上的公差，进行紧密配合，并具备足够的滑扣强度。因为螺纹齿根和节圆直径的特点，导致等价的抗拉强度面积更大，所以同等规格直径的精密螺纹比粗螺纹具有更高的抗拉强度。但是这个优点只是在螺纹啮合足够长的情况下才能体现。计算方法会在后续分析中给出。

精密螺纹有更高的抗扭强度，因此能够承受更大的预紧力。精密螺纹也具有在振动下的防松能力以及更好地抵抗应力疲劳性能。

定螺距螺纹特指UN系列螺纹，不同的螺纹直径应用不同的定螺距，推荐使用8、12、

16 螺纹系列。这种螺纹通常使用在有重复装配或拆卸的装配中，或者在售后服务维修需要重新拧紧的装配中。一般产品有调整环、薄螺母、螺纹套或螺纹轴，也经常应用在紧凑零件上。

8 系列 UN 螺纹应用在大直径螺栓上，或需要高紧固力的衬垫装配中。当螺栓直径超过 1in 时，也常用来替代粗螺纹装配。

12 系列 UN 螺纹常用在 1.5in 以上螺栓直径的精密螺纹装配上，最初应用在压力容器上，现在应用越来越广泛。

16 系列 UN 螺纹应用在大直径紧固件上，也用在 $1\frac{1}{16}$in 以上有精密螺纹要求的调整环上。

第三节 螺纹的强度

关于紧固件螺纹强度的评估方法和参数的理论还在发展中，这里引述一些最新的分析理念。

一、螺纹强度基础

螺纹紧固件的设计目的是：设计强度足够承受在装配过程中的最大预载荷加上工作中可能的最大额外负载，包括由热膨胀引起的力。对于紧固件来说，直径越大，强度就越高。

关于螺纹的整体强度，除了考虑螺栓的杆部直径，还应该考虑螺纹的啮合长度。螺栓的强度安全管理应该使螺栓杆部比螺纹先失效，这是因为螺栓杆部断裂比螺纹滑扣更容易探测，进而避免危险发生。

螺纹一般是剪切力失效，有以下三种方式之一：
1）如果螺母的材料强度大于螺栓的材料强度，螺栓根部会产生滑扣。
2）如果螺栓的材料强度更大，螺母的根部螺纹会产生滑扣。
3）如果螺栓和螺母的材料强度一致，螺母和螺栓会同时在节圆处产生滑扣。

紧固件材料的剪切强度通常是抗拉强度的 50%~60%。如果紧固件受到疲劳应力和冲击载荷，需要按照零件的疲劳强度来计算，疲劳强度通常远小于零件材料的抗拉强度或剪切力。

螺纹的滑扣强度可以通过机械设计手册或螺纹紧固件手册查得，也可以通过公式计算理论值。

螺纹强度计算公式：当 $L_e = D$ 时，
$$F_{St} = \tau_b A_{TS}$$

式中 L_e——螺纹啮合长度；
D——螺纹的名义直径（查螺纹手册得到）；
τ_b——螺母或螺栓的抗拉强度；
A_{TS}——剪切力在啮合长度作用下的滑扣横截面积（查螺纹手册得到）；
F_{St}——导致螺纹滑扣的力。

对比螺栓的抗拉载荷：
$$F_{Ten} = \sigma_b A_s$$

其中 A_s 的计算公式为

$$A_s = 0.7854(D - 0.9382P)^2$$

式中 F_{Ten}——螺栓的断裂抗拉力；

σ_b——螺栓材料的抗拉强度；

D——螺栓的名义直径；

A_s——螺栓的抗拉应力；

P——螺纹节距。

设计要求 $F_{Ten} < F_{St}$，以保证螺栓断裂在螺纹滑扣之前。通过这个公式也可以设计合适的螺纹啮合长度。

案例分析1：

假设 M16×26H6g 螺栓，制造材料 ASTM F2281 GR600，抗拉强度 910MPa。连接材料 SAE J414 GRR1035 剪切强度 378MPa。连接材料直接攻螺纹使用。

查螺纹手册可得，$A_{TS} = 429.92 \text{mm}^2$，如果 $L_e = D$，有公式：

$$A_s = 0.7854(D - 0.9382P)^2 = 0.7854 \times [16 - (0.9382 \times 2)]^2 = 156.7 \text{mm}^2$$

$$F_{St} = \tau_b A_{TS} = 378 \times 429.92 = 162.5 \text{kN}$$

$$F_{Ten} = \sigma_b A_s = 910 \times 156.7 = 142.7 \text{kN}$$

$$F_{Ten} < F_{St}$$

所以螺栓会先于螺纹失效。虽然满足设计及原则，但是螺栓强度和螺纹强度的差异太大，意味着螺纹的啮合长度太长，或许可以适当减少螺纹啮合长度以改善螺纹装配时的难度。设计者应该永远考虑螺纹强度计算公式：当 $L_e \neq D$，

$$A'_{TS} = (\text{期望的螺纹啮合长度}\ L_e/D) A_{TS}$$

式中 A_{TS}——剪切力在啮合长度 D 作用下的横截面积（查螺纹手册得到）；

A'_{TS}——修正的 $L_e \neq D$ 时的螺纹啮合长度受剪切力的滑扣横截面积。

$$F_{St} = \tau_b A'_{TS}$$

根据案例1的要求条件，

$$A'_{TS} = (15/16) \times 429.92 = 403.1 \text{mm}^2$$

$$F_{St} = \tau_b A'_{TS} = 378 \times 403.1 = 152.3 \text{kN}$$

此条件下，仍然 $F_{Ten} < F_{St}$，满足螺栓先失效的原则。

但是如果当连接材料只有 10mm 厚度，

$$A'_{TS} = (10/16) \times 429.92 = 268.7 \text{mm}^2$$

$$F_{St} = \tau_b A'_{TS} = 378 \times 268.7 = 101.56 \text{kN}$$

此时 $F_{Ten} > F_{St}$，螺纹先失效，所以这个设计不能满足要求，需要使用比较厚的螺母来代替在连接件上直接加工螺纹的设计方式。

二、螺纹的载荷分析

当螺母受到装配转矩的作用时，螺母沿螺栓螺纹移动并压紧零件表面完成夹紧任务。零件支撑面反过来压缩螺母，并传递到螺栓上，螺栓因此产生需要的拉应力。因为螺母被压缩，所以螺纹导程变短，而螺栓因为被拉伸，所以螺纹导程增加。

虽然在加载前螺母和螺栓的导程相同，但是由于加载时两个螺纹的导程不再相同，这导致螺纹受到的载荷不均匀。最大的载荷集中在靠近螺母的承载面附近的螺纹。局部螺纹产生屈服后传导载荷到邻近的螺纹上，这就是载荷集中在仅仅几个螺纹上的原因。这种集中载荷

即使没有立即发生滑扣失效,但是疲劳寿命一定会减少。

在载荷作用下,力从螺母螺纹侧面角传递到螺栓侧面角,如果螺栓和螺母的侧面角相等,整个侧面角完全接触,产生的力会正好作用在侧面角面的中心(锥面效应)。这个力在螺纹齿根处产生一个弯矩,同梁受力分析一样,最大的弯矩产生的应力集中在螺纹的齿根。

如果螺栓螺纹的牙顶角小于配合螺母的牙顶角,接触点会发生在螺栓螺纹的牙顶部,这样导致在螺栓螺纹齿根受到的力是约2倍于牙顶角相等的情况。如果螺栓的牙顶角变大,螺栓和螺母的螺纹接触点会接近螺栓根部,这时螺栓的根部受力会最小。减小螺栓螺纹的牙根受力,就意味着螺栓的疲劳寿命更长,同时螺母的牙根受力增加,疲劳寿命同样减少,但是螺母或加工的内螺纹零件很少产生疲劳实效。

1960年,基于螺纹形状对于载荷的效果,UNJ开发了修正螺纹标准来提高螺栓的疲劳寿命。修正的内容包括将螺栓的导程减少,目的是在螺栓扭紧时保持同螺母相同的导程。另一个修正是增加螺栓的牙顶角5°,以保证螺母的牙顶同螺栓螺纹的牙根接触,尽量减少螺牙的弯矩。这样的螺纹称为不对称螺纹,主要应用在螺栓上,有更好的疲劳寿命性能。

三、影响螺纹静态强度的参数

有很多因素影响螺栓抗拉强度,例如高温、腐蚀、扭力和循环载荷等。这些因素同样也会影响到螺纹强度。

其他因素有螺母放大效应。如果螺母壁厚不够,楔形挤压的作用会将螺母放大,这样就减少了螺母和螺栓的接合面积,也缩减了抵抗剪切力的面积。通常中等螺纹直径(16mm左右)的对边宽度和名义直径的比是 1.7:1,大直径螺栓(30mm左右)的比是 1.6:1,小直径螺栓(6mm左右)的比是 2:1。根据实验测得,当这个比值是 1.4:1 时,螺纹的强度减少25%。对于更小名义直径的螺纹(如6mm左右),螺母和螺栓的螺纹强度都会减少,失效发生在更薄弱的地方。压力容器和船舶上需要大量安装螺栓,多孔装配导致的累积误差很难对齐,这加深了螺母放大效应,所以建议这种装配条件使用高强度螺母设计,如图2-4所示。

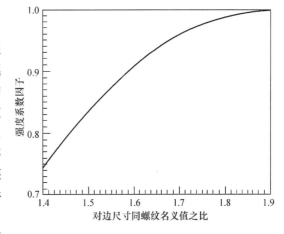

图 2-4 螺母放大的强度因子曲线

图2-5中,横轴代表螺母和螺栓的螺纹强度比。如果比值过大,需要考虑一个问题,强度相对弱的螺纹会在另一个螺纹高刚性作用下变形,从而导致螺纹接触面积变小,抵抗剪切力的性能也会下降,产生滑扣失效。

螺母和螺栓的螺纹之间的摩擦系数很小会导致螺母放大效应和螺纹弯曲效应,螺纹变得更容易滑扣。这种原因导致螺纹强度大概减少5%,所以在计算螺纹强度时需要考虑这些因素导致的强度变化,按照图2-4设置放大因子影响的强度系数因子,按照图2-5设置螺纹弯曲因子。如果螺纹使用润滑剂,那么需要额外减少计算强度10%,如果力矩施加在螺母上,考虑减少计算强度5%。

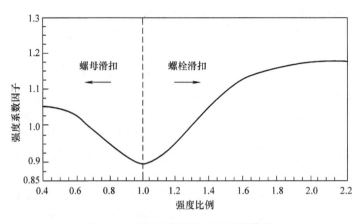

图 2-5　因螺纹弯曲造成的强度降低

案例分析 2：分析 M16×26H6g 螺栓的螺纹强度。按照表格螺纹滑扣横截面积 A_{TS} = 417.55mm²。假设因为装配空间有限，螺母的对边宽度同名义直径的比为 1.45:1，稍少于正常值，螺母材料的剪切强度为 686MPa，螺栓材料为 ASTM F2281 GR 600，抗拉强度为 910MPa，剪切强度为 546MPa。已知使用润滑剂和力矩扳手拧紧。螺母的强度是螺栓的 75%。

根据计算公式：

螺母滑扣剪切强度为 τ_b = 686MPa。

螺母的厚度查表为 13.8。

螺栓螺纹滑扣横截面积 A_{TS} = 417.55mm²（查螺栓手册）。

滑扣横截面积 $A'_{TS} = (L_e/D)A_{TS} = (13.8/16) \times 417.55 = 360.1$ mm²。

所以 $F_{St} = \tau_b A'_{TS} = 686 \times 360.1 = 247.1$ kN。

考虑到影响螺纹强度的因子：

SR1：螺母放大强度因子，查表（图 2-4）1.45:1 对应 0.8。

SR2：螺母和螺栓的强度比值因子，螺母材料强度低 25%，查表（图 2-5）对应 0.975。

SR3：摩擦导致的强度因子，假设有 15% 强度减少影响，估算为 0.85。

SR4：拧紧因子，损失 5% 强度，SR4 = 0.95。

所以修正后的螺纹强度

$$F'_{St} = F_{St} \times SR1 \times SR2 \times SR3 \times SR4 = 247.1 \times 0.8 \times 0.975 \times 0.85 \times 0.95 = 155.6 \text{kN}$$

可以看出，螺纹强度产生了很大变化，因为同时螺栓强度 F_{Ten} = 142.7kN，可以判断螺纹强度仍然大于螺栓强度，符合设计原则，螺栓不会在断裂前滑扣失效，但是因为这两个力非常接近，这个原则可靠性系数不是很高。增大这个设计的安全系数的方法是增加螺纹啮合长度或替换为更大壁厚的螺母。

在螺母和螺栓的强度设计中，通常螺母的极限强度要大于螺栓的极限强度。这个设计原则是因为螺纹失效不易发现，当力矩作用在螺栓上，有滑扣的螺栓的力矩通常偏大，但这个力矩因为滑扣失效不会产生预紧力，这种失效在零件内部又无法观测。但是螺栓的断裂失效模式就很容易被观测到，进而避免更大的损失。螺母失效只能是滑扣，所以断裂失效只能设置在螺栓上。另外，出于足够螺纹啮合长度的考虑，设计者很少会直接使用标准螺母。

四、螺纹的质量控制

图 2-6 显示了几种会影响螺纹强度的结构缺陷，包括锥形螺纹、螺纹圆度失真和螺纹线的扭曲歪斜，这些是螺纹控制检验中的质量控制关键点。

锥形螺纹导致在尾部的螺纹不能正常啮合，使大部分的接触应力集中在另一端，这可能会出现滑扣现象。如果螺纹圆度失真，那么螺纹的每一圈接触面积不够，可能因为应力集中而导致螺纹滑扣。如果螺纹的螺旋角不规则，产生歪斜的螺纹线，会导致牙顶角变化，接触面积也因此减少导致滑扣。此外，螺纹的牙型变差也会导致紧固件的松弛现象，这是低成本螺栓经常失效的原因。

这些螺纹的缺陷不能通过螺纹止通规检测出，对于重要参数牙顶角和节圆直径无法测量，只是验证了螺纹的齿根圆和名义直径，这是即使通过了止通规的检测仍然有失效现象的原因。

图 2-7 显示了内外螺纹的螺距差异非常大时，螺纹有效啮合长度受到影响，实际导致只有几个螺纹接触，造成螺纹滑扣失效。

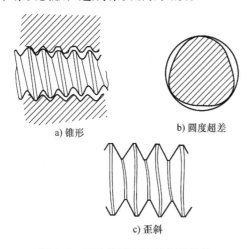
图 2-6　影响螺纹强度的螺纹结构

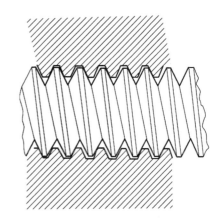
图 2-7　内外螺纹的螺距不同时的影响

五、螺栓的刚度和应变

螺栓和连接件在载荷作用下变形，去掉载荷后恢复松弛状态，效果上等于刚度较高的弹簧。螺栓和连接件可以存储能量并产生适当的夹紧力，只要保持足够的能量，夹紧力就能保证。

因此刚度是螺栓和连接件的重要物理性能，刚度较低的弹簧存储能量的效率比刚度较高的弹簧更高。刚度比例设置是螺栓连接中非常重要的参数。这个参数反映了连接设计中可存储的能量能力、载荷变化时的反应以及温度影响变化。

如图 2-8 所示，当在不同直径的钢棒两端施加拉力时，可以根据胡克定律和弹簧性质来计算钢棒受力后的长度变化。

钢棒的变化总量等于每一部分变化之和：
$$L_C = \Delta L_1 + \Delta L_2 + \Delta L_3$$

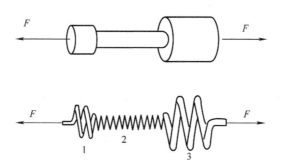

图2-8 有不同直径的钢棒拉力试验和等价的弹簧图解

按照胡克定律，可以得到

$$\Delta L = \frac{FL}{EA}$$

式中 ΔL——长度变化量（mm）；
　　A——横截面积（mm²）；
　　L——每个截面的长度（mm）；
　　E——弹性模量（GPa）；
　　F——拉力载荷（N）。

合并以上公式：

$$\Delta L_C = F\left(\frac{L_1}{EA_1} + \frac{L_2}{EA_2} + \frac{L_3}{EA_3}\right)$$

弹簧刚度是一个常数：

$$K = \frac{F}{\Delta L}$$

式中 K——弹簧刚度（N/mm）；
　　ΔL——载荷F作用下的变形量（mm）；
　　F——外部载荷（N）。

既然钢棒由不同的截面组成，则

$$\frac{1}{K_T} = \frac{1}{K_1} + \frac{1}{K_2} + \frac{1}{K_3}$$

式中 K_T——组合弹簧刚度（N/mm）；
K_1，K_2，K_3——每个独立截面钢棒的弹簧刚度（N/mm）。

结合以上公式可以得到

$$\frac{1}{K_T} = \left(\frac{L_1}{EA_1} + \frac{L_2}{EA_2} + \frac{L_3}{EA_3}\right)$$

知道螺栓受力后的应变就可以计算螺栓受到的拉应力，也就是螺栓的夹紧力。拉应力载荷下的螺栓受到的力不是在螺栓的两个端点，而是从螺母的内表面到螺栓头部的下表面，工作时整个螺栓并不是都受到载荷作用，所以必须估计一个有效长度来合理计算。

短粗、长细螺栓的弹性线比较如图2-9所示。

由图2-10可知，在拉应力的作用下，螺栓最大的应力集中在螺母的内表面和螺栓的下

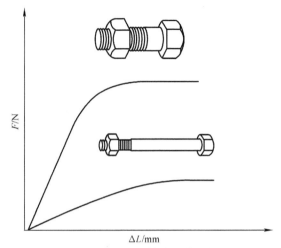

图 2-9 短粗、长细螺栓的弹性线比较

表面，螺母和螺栓的头部受力是零。通常为了方便计算，应力加载到螺栓头部和螺母的中间位置，其他部分视作零应力部分，所以等效受力长度公式为

$$L_E = (L_B + T_H/2) + (L_T + T_N/2)$$

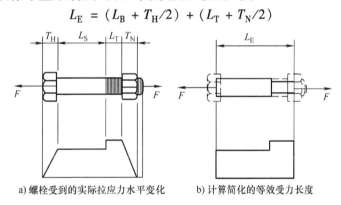

a) 螺栓受到的实际拉应力水平变化　　b) 计算简化的等效受力长度

图 2-10 拉应力作用下的螺栓受力情况

如果需要更准确地知道螺栓的有效受力分布，需要使用有限元分析的方法，本书的目的并不是鼓励使用手动计算的方法，但是工程师至少需要手动计算过一次后才能更准确地调整有限元的分析参数，或者在设计之初就能估计准确的关键参数，避免重复性的设计更改。虽然这些估计和实际情况有偏差，但是试验表明这些计算方法同实际结果还是比较接近的。

在进行计算之前，还需要假设有效直径的问题。螺杆颈部分的有效直径可以直接使用螺栓的名义直径计算，但是螺纹部分需要使用有效应力面积。

根据以上公式和要求，可以计算螺栓的变化长度：

$$\Delta L_C = F_P \left(\frac{L_{be}}{EA_B} + \frac{L_{se}}{EA_S} \right)$$

式中　L_{be}——有效螺栓杆部长度（杆部长度加螺栓头部厚度的一半）（mm）；
　　　L_{se}——有效螺纹部分长度（暴露部分螺纹长度加螺母厚度的一半）（mm）；
　　　ΔL_C——所有部分的组合长度（mm）；
　　　A_B——有效螺杆部分的横截面积（mm^2）；
　　　A_S——有效螺纹部分的横截面积（mm^2）。

如图 2-11 所示，受力长度变化计算如下：

$$\Delta L_C = F_P \left(\frac{L_1}{EA_1} + \frac{L_2}{EA_2} + \frac{L_3}{EA_3} + \frac{L_4}{EA_4} + \frac{L_5}{EA_5} + \frac{L_6}{EA_6} \right)$$

如果受力变化长度已知，那么就可以计算螺栓的弹性刚度：

$$K_B = F_P / \Delta L_C$$

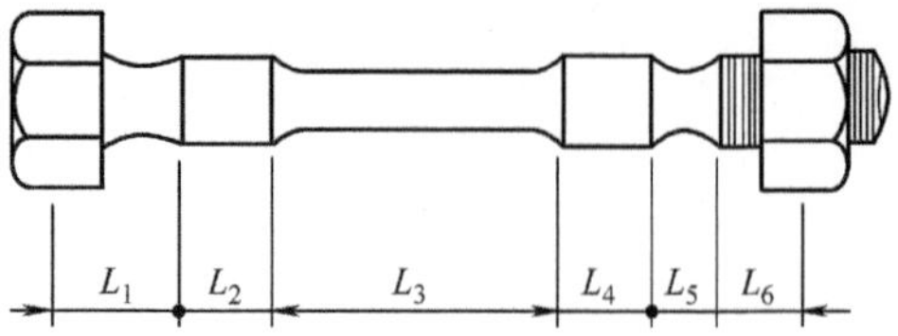

图 2-11 复杂螺栓的受力长度变化计算

案例分析 3：

$3/8 - 16 \times 1/2$ SAE 8 级螺栓，名义直径 $D = 0.375\text{in}$，螺栓长度 $L = 1.500\text{in}$，尺寸参数如图 2-12 所示。

标准号	尺寸
SAE J 104（螺母）	螺母高度 $T_N = 0.3285\text{in}$
SAE J 105（螺母）	螺栓头部高度 $T_H = 0.2345\text{in}$
ANSI B1.1 - 1974（螺纹）	螺纹长度 $L_T = 1.000\text{in}$
	拉应力作用面积 $A_S = 0.775\text{in}^2$

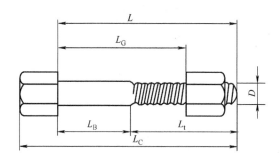

图 2-12 $3/8 - 16 \times 1/2$ SAE 8 级螺栓尺寸参数

$$A_B = \frac{\pi D^2}{4} = \frac{3.14 \times 0.375^2}{4} = 0.1104\text{in}^2$$

$$L_B = L - L_t = 1.5 - 1.0 = 0.5\text{in}$$

六、螺栓、螺母、垫片的综合刚度

连接件的装配是包含螺栓、螺母、垫片的组合，实际的综合刚度计算公式：

$$\frac{1}{K_{T1}} = \frac{1}{K_B} + \frac{1}{K_N} + \frac{1}{K_W}$$

式中　K_{T1}——连接装配的综合刚度（N/mm）；

　　　K_B——螺栓的刚度（N/mm）；

　　　K_N——螺母的刚度（N/mm）；

　　　K_W——垫片的刚度（N/mm）。

通常计算中只考虑螺栓 K_B 的值，但是在精密紧固件的设计中，应该考虑系统性（包括螺栓、垫片和螺母的综合刚度），显然刚度更大的垫片比普通垫片影响更多连接件的材料区域，进而影响整体刚度。

K_B 计算公式为

$$K_B = \frac{A_d A_t E}{A_d l_T + A_t l_d}$$

式中　K_B——螺栓的刚度；
　　　A_t——螺纹部分拉力作用区域，通过查表取值；
　　　l_T——紧固件的螺纹长度；
　　　A_d——紧固件的大径面积；
　　　l_d——紧固件的无螺纹长度；
　　　E——紧固件的弹性模量。

图 2-13 是螺栓刚度公式相关的螺栓尺寸参数的对照。

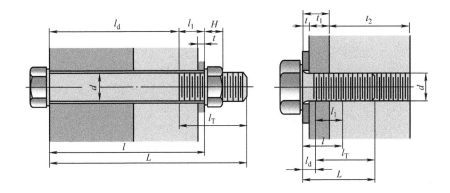

图 2-13　螺栓的刚度相关尺寸

图 2-13 中，d 为螺栓的名义直径；t 为垫片的厚度，通过垫片手册查得；H 为螺母的高度，通过螺母手册查得。

l 为紧固长度：

1）即螺栓和螺母内表面之间的距离；

2）$l = \begin{cases} h + t_2/2, & t_2 < d \\ h + d/2, & t_2 \geq d \end{cases}$

L 为螺栓长度：

1）$L > l + H$

2）$L > h + 1.5d$

L_T 为螺栓螺纹部分长度：

$$L_T = \begin{cases} 2d + 6\text{mm}, & L \leq 125\text{mm} \\ 2d + 12\text{mm}, & 125 < L \leq 200\text{mm} \\ 2d + 25\text{mm}, & L > 200\text{mm} \end{cases}$$

七、连接件的刚度计算

连接件的刚度也是将连接件看成刚度较高的弹簧，

$$\frac{1}{K_{\mathrm{m}}} = \frac{1}{K_1} + \frac{1}{K_2} + \frac{1}{K_3} + \cdots$$

式中 K_{m}——代表连接件的综合刚度；
 K_i——连接件 i，i = 1，2，3…

通过上式可知，如果装配中有衬垫，而且衬垫相对其他零件刚度非常小，那么其他零件的刚度值可以忽略。如果是没有衬垫的连接装配，那么这个刚度的计算变得复杂，因为在螺栓和螺母之间的连接件压缩区域是不规则的，还有就是如果外部载荷不是作用在螺栓的轴线上（通常不是），连接件的刚度也会受到影响，所以经常通过试验获得这个连接件的刚度。VDI 手册也给出了这些因素影响下的刚度理论计算方法，这些方法也成为有限元分析的算法依据。

我们通过以下计算来理解这些算法的原理和过程，以便后续有限元分析准确地设置参数，提高设计效率。

螺栓在紧固件上的压缩区域通常近似为锥体，连接件的刚度进而由这个压缩区域计算得出，如图 2-14 所示。连接件的近似压缩锥体近似算法通常使用近似锥角计算。图 2-15 所示的压缩锥体的锥角 α 一般在 25°～33°之间，如果连接材料的刚性比较小，那么锥角会偏小，在以下案例分析中统一设置为 30°（通常有限元分析中也默认是这个锥角值），因此连接件的近似刚度为

$$K_1 = \frac{0.5774\pi E d}{\ln\dfrac{(1.155t + D - d)(D + d)}{(1.155t + D + d)(D - d)}}$$

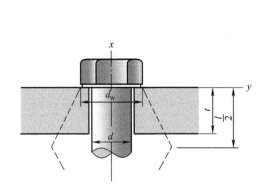

图 2-14 连接件的锥体压缩区域示意图

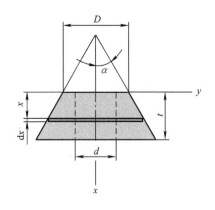

图 2-15 近似压缩锥体

案例分析 4：

如图 2-16 所示，两个厚度为 1/2in 的金属板被螺栓（1/2－20UNF×1 1/2 SAE5）夹紧，钢制垫片为 1/2N 平垫片，要求：

1）上层连接材料为钢材，下层材料为铸钢，确定连接材料的弹性刚度 K_{m}。
2）如果连接材料都为钢材，确定连接材料的弹性刚度 K_{m}。
3）确定螺栓的弹性刚度。

问题 1：计算弹性刚度 K_{m}

第二章 连接设计与高强度螺栓 VDI2230

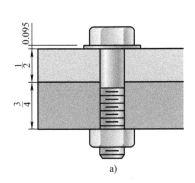
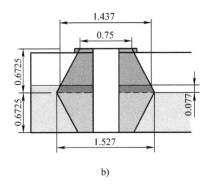

图 2-16 螺栓载荷的夹紧锥体

步骤 1：确认计算参数。

通过垫片的机械手册，可以确定 $1/2N$ 垫片厚度为 $0.095\mathrm{in}$。

压缩锥体的中间厚度为

$$(0.5 + 0.75 + 0.095)/2 = 0.6725\mathrm{in}$$

所以中间锥体的高度为

$$0.6725 - 0.5 - 0.095 = 0.0775\mathrm{in}$$

上层连接材料和垫片都是钢材，弹性模量 $E = 30 \times 10^6 \mathrm{lbf/in^2}$，作为一个整体的压缩锥体，厚度为 $0.595\mathrm{in}$，此锥体的连接面上的直径（小端）为

$$0.75 + 2 \times 0.595\tan30° = 1.437\mathrm{in}$$

此锥体的中间面上的直径（大端）为

$$0.75 + 2 \times 0.6725\tan30° = 1.527\mathrm{in}$$

步骤 2：计算每个连接部分锥体的弹性刚度。

这个连接可以分解为三部分锥体计算：

$$K_1 = \frac{0.5774\pi \times 30 \times 10^6 \times 0.5}{\ln\dfrac{(1.155 \times 0.595 + 0.75 - 0.5) \times (0.75 + 0.5)}{(1.155 \times 0.595 + 0.75 + 0.5) \times (0.75 - 0.5)}} = 30.80 \times 10^6 \mathrm{lbf/in}$$

$$K_2 = \frac{0.5774\pi \times 14.5 \times 10^6 \times 0.5}{\ln\dfrac{(1.155 \times 0.0775 + 1.437 - 0.5) \times (1.437 + 0.5)}{(1.155 \times 0.0775 + 1.437 + 0.5) \times (1.437 - 0.5)}} = 285.5 \times 10^6 \mathrm{lbf/in}$$

$$K_3 = \frac{0.5774\pi \times 14.5 \times 10^6 \times 0.5}{\ln\dfrac{(1.155 \times 0.6725 + 0.75 - 0.5) \times (0.75 + 0.5)}{(1.155 \times 0.6725 + 0.75 + 0.5) \times (0.75 - 0.5)}} = 14.15 \times 10^6 \mathrm{lbf/in}$$

步骤 3：计算连接部分锥体的综合弹性刚度 K_m。

$$\frac{1}{K_\mathrm{m}} = \frac{1}{30.80 \times 10^6} + \frac{1}{285.5 \times 10^6} + \frac{1}{14.15 \times 10^6}$$

$$K_\mathrm{m} = 9.378\mathrm{lbf/in}$$

问题 2：如果连接材料都为钢材（相同弹性模量），则弹性刚度

$$K_m = \frac{0.5774\pi \times 30.0 \times 10^6 \times 0.5}{2 \times \ln\left[5 \times \frac{(0.5774 \times 1.345) + (0.5 \times 0.5)}{(0.5774 \times 1.345) + (2.5 \times 0.5)}\right]} = 14.64 \times 10^6 \text{lbf/in}$$

问题3：螺栓的弹性刚度

螺栓螺纹部分长度：$L_T = 2 \times 0.5 + 0.25 = 1.25\text{in}$

紧固件的无螺纹部分长度：$l_d = 1.5 - 1.25 = 0.25\text{in}$

紧固件的夹持部分有螺纹部分的长度：$l_t = 1.345 - 0.25 = 1.095\text{in}$

紧固件的大径面积（无螺纹部分面积）：$A_d = \pi(0.5)^2/4 = 0.1963\text{in}^2$

螺纹部分拉力作用区域，通过查表取值：$A_t = 0.1599\text{in}^2$

螺栓的弹性刚度为

$$K_B = \frac{A_d A_t E}{A_d l_t + A_t l_d} = \frac{0.1963 \times 0.1599 \times 30 \times 10^6}{0.1963 \times 1.095 + 0.1599 \times 0.25} = 3.69 \times 10^6 \text{lbf/in}$$

八、螺栓连接原理图

在外部载荷下的连接分析主要考虑两个方面：

1）连接承受的最大拉力载荷。

2）连接需要的最小夹紧力。

螺栓连接的工作状态表现为连接处的力和变形量之间的关系函数，也就是弹性变化。图 2-17 显示了当拧紧螺栓时的连接效果。拧紧螺栓过程建立了应力和应变的相互影响，这个过程中，螺栓受到拉力伸长，连接零件受到压缩。这个连接原理图是合并了螺栓（原理图左侧）的受力伸长过程和连接件（原理图右侧）的受力压缩过程，因为两部分受到应力在拧紧过程中相等，所以在图中纵轴上总是相交。其中 F_P 为螺栓受到的拉应力，ΔL 为螺栓应变，F_{CL} 为连接件受到的压应力，ΔT 为连接件的应变。

在使用 CAE 的紧固件连接可靠性分析自动算法之前，需要先通过案例了解一些参数的计算意义，本书不会详述这些计算过程。

在分析连接装配的预紧力之前，需要明确参考的是平均预紧力、最大预紧力或最小预紧力。工程设计中，通常关心的是每个螺栓的残余最大预紧力，然后根据最大残余预紧力定义每个螺栓的最大载荷，以防止螺栓断裂。但我们很少关注最小残余载荷，设计中通常考虑多个螺栓产生的最小平均预紧力。这个分析还有一个默认是载荷施加到螺栓和螺母上。

图 2-17 所示是螺栓连接过程中受到的拉力和应变之间的关系，在拧紧螺栓时，连接材料和螺栓产生一对相反力。这个曲线图可以用以下公式表示：

$$K_B = F_P/\Delta L$$
$$K_m = F_P/\Delta T$$

式中　F_P——螺栓和连接件之间的预紧力（N）；

　　　ΔL——螺栓变形量（mm）；

　　　ΔT——连接件变形量（mm）；

　　　K_B——螺栓刚度（N/mm）；

　　　K_m——连接材料刚度（N/mm）。

螺栓夹紧时的受力原理如图 2-18 所示。

第二章 连接设计与高强度螺栓 VDI2230

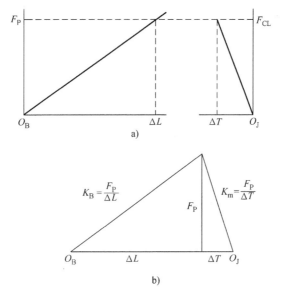

图 2-17 螺栓连接原理图

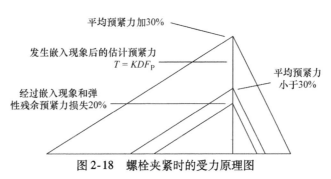

图 2-18 螺栓夹紧时的受力原理图

因为螺栓和连接件有不同的弹性刚度，当连接件受到外力时（沿螺栓的轴线方向），螺栓和连接件虽然产生相等的应变，但是应力变化不同。如图 2-19 所示，ΔF_B 是螺栓增加的拉应力，ΔF_J 是连接件减少的夹紧应力。

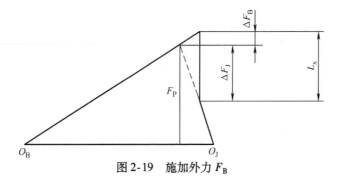

图 2-19 施加外力 F_B

外力的一部分作用螺栓上，产生了拉应变，其作用原理如图 2-20 所示，F_P 是初始载荷，F_B 是外力作用下的载荷，F_J 是外力作用下的连接件的载荷，L_X 是外部施加到螺栓上的载荷。

137

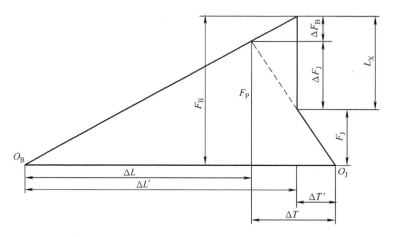

图2-20 改变螺栓和连接件的刚度比例

如果改变螺栓和连接件的刚度比例,例如使用一个直径更大的螺栓(增加弹性刚度),那么连接原理图(图2-21)左侧的曲线就会变得更陡,弹性刚度较小的螺栓连接,吸收了更大的外部载荷。可以看出弹性刚度的比例决定了残余预紧力和连接设计。

如果继续增加外部载荷,直到连接处的夹紧力为零(卸载过程),这个力被称为关键外部载荷 L_{Xcrit},这个载荷不等于螺栓的初始预紧力。

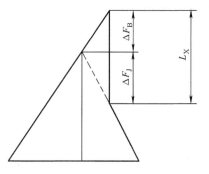

图2-21 连接原理图 – 当螺栓和连接件的弹性刚度几乎相等的情况

通常螺栓的刚度设计低于连接件的刚度,这导致卸载作用的关键外部载荷和螺栓的预紧力差异很小(图2-22)。因为连接件总会在紧固后松弛,试验表明松弛的范围是预紧力的10%~20%。在连接设计中,通常螺栓的弹性刚度选择是连接件的1/5,那么当关键外部载荷大于20%残余预紧力时产生夹紧力完全卸载(图2-23)。这个数值正好是预紧力松弛的数量,此时关键外部载荷正好等于初始预紧力。

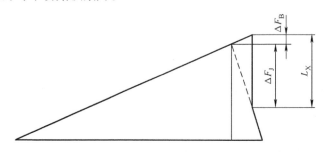

图2-22 连接原理图 – 当螺栓弹性刚度小于连接件的情况

当继续增加外部载荷,直至超出关键外部载荷值,此时外部载荷完全被螺栓吸收,并且这个曲线不再是线性变化(图2-24)。由于连接件压缩区域的复杂性,连接件的实际弹性刚度并不是一个常数,也就是连接原理图的右侧应该是一条曲线(图2-25)。

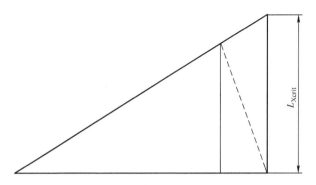

图 2-23　关键外部载荷 L_{Xcrit} 恰好卸载连接件的夹紧力情况

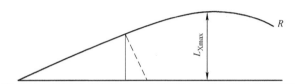

图 2-24　关键外部载荷 L_{Xcrit} 达到螺栓承受的最大拉力情况

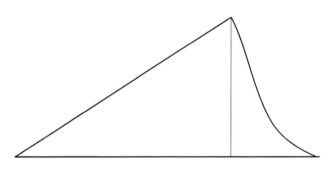

图 2-25　实际的连接件微小变形的弹性刚度并不是线性变化

VDI2230 将螺栓连接设计分解为 14 个步骤,如图 2-26 所示。VDI2230 标准中这些计算步骤有详细介绍,这里不再赘述,只介绍如何应用 Solidworks 进行模拟分析,让读者熟悉这些公式中的参数设置。

R0　公称直径极限尺寸 d, G

R1　拧紧系数 α_A

R2　最小夹紧力 F_{Kerf}

R3　区分工作载荷/载荷系数 F_{SA}, F_{PA}, Φ

R4　预加载变化 F_Z, $\Delta F'_{Vth}$

R5　最小装配预加载荷 F_{Mmin}

R6　最大装配预加载荷 F_{Mmax}

R7　装配应力 $\sigma_{red,M}$, F_{Mzul}

R8　工作应力 $\sigma_{red,B}$, S_F

R9　交变应力 σ_a, σ_{ab}, S_D

R10　表面压力 p_{max}, S_P

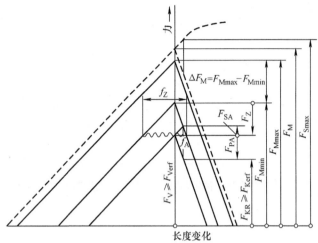

图 2-26 拧紧系数在连接分析中的关键参数

R11　最小连接长度 $m_{\text{eff min}}$

R12　滑动,剪切应力 S_G,$\tau_{Q\max}$

R13　拧紧力矩 M_A

以下通过一个案例来介绍 VDI2230 模拟分析方法。

如图 2-27 所示,圆盘离合器的连接可以绕轴线传递扭转力矩(两个方向旋转),力矩值为 $M_{t\max}=13\times10^3\text{N}\cdot\text{m}$。离合器两部分都由 20 铸铁制成,并按照 DIN931 由 $i=12$ 个六角头螺栓将其连接到一起,铸铁件间的黏性摩擦系数取值为 $\mu_G=0.15$。已知螺栓连接的零件直径为 $D_t=258\text{mm}$,夹持长度为 $l_k=60\text{mm}$。

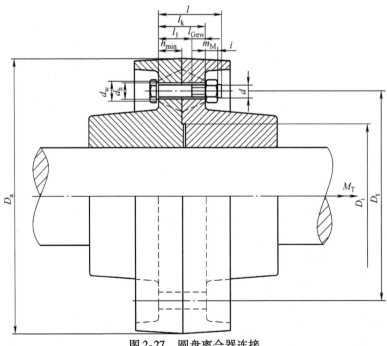

图 2-27 圆盘离合器连接

第二章 连接设计与高强度螺栓 VDI2230

第一步：设置接触面，选择无穿透模式，如图 2-28 所示。

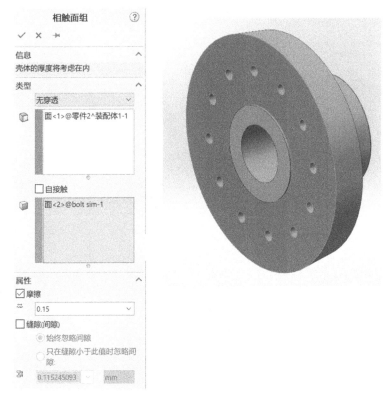

图 2-28 设置接触面参数，选择两个接触面，并设置摩擦系数为 $\mu_G = 0.15$

第二步：选择铸铁材料，可以适当修改材料参数，如图 2-29 所示。

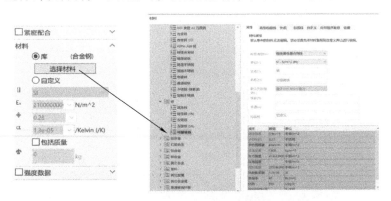

图 2-29 离合器材料设置

第三步：螺栓力矩设置（先校验 200N·m 力矩），如图 2-30 和图 2-31 所示。
第四步：重复完成其他 11 个螺栓的装配连接，如图 2-32 所示。
第五步：设置夹具面固定零件，完成空间约束，如图 2-33 所示。
第六步：离合器力矩载荷设置，采取 VDI2230 计算案例中相同的设置，如图 2-34 所示。

$$M_{tmax} = 13 \times 10^3 \text{N·m}$$

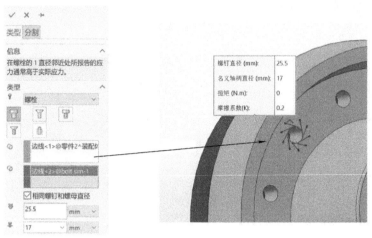

图 2-30　设置螺栓连接

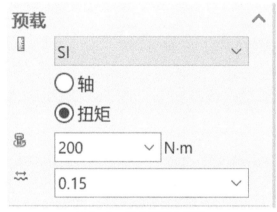

图 2-31　螺栓预紧力设置

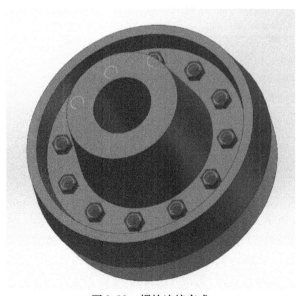

图 2-32　螺栓连接完成

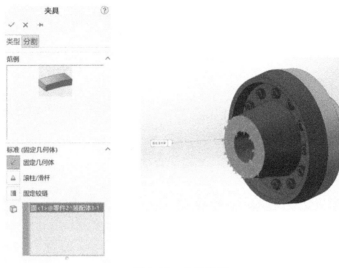

图 2-33 夹具设置

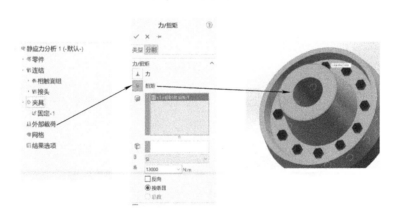

图 2-34 离合器的扭转载荷设置

第七步：划分网格，如图 2-35 所示。

图 2-35 划分网络

第八步：运行算例输出结果如图 2-36 所示。冯·米塞斯应力参数是一种静态失效验证方法，认为金属材料在最大剪切应力时失效，金属材料的抗剪切应力小于拉应力。

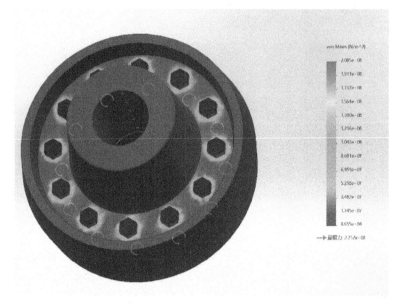

图 2-36　运行算例输出结果

第九步：位移检查，红色区域的最大位移约为 0.04mm，如图 2-37 所示（见彩插）。

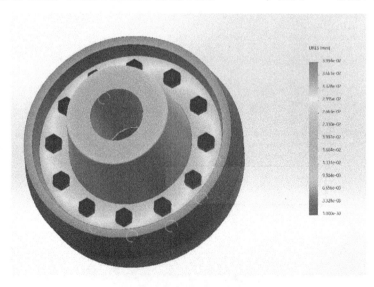

图 2-37　位移检查（见彩插）

第三章 公差叠加分析

公差叠加分析是将不同零件或同一零件的不同尺寸组合到一起分析的技术，其目的是获得组合尺寸的间隙或干涉量，这个间隙或干涉量控制方法在工程应用上就是装配技术。公差叠加分析是最根本的公差设计方法，分为尺寸公差叠加分析和几何公差叠加分析。公差叠加分析常用于产品概念设计阶段和质量问题根本原因分析。目前世界500强制造公司都使用公差叠加分析工具，而且是作为企业进行高性能、低成本、保证竞争力产品开发的核心研发工具。

公差叠加分析是基于统计学原理的计算工具，其中和方根（RSS）是统计公差分析的一种常用算法。这个算法的依据是批量生产零件尺寸符合正态分布，正态分布曲线的特点是很少数量的零件分布在上下限尺寸附近，大部分尺寸分布在尺寸中值附近。正态分布曲线下面积积分为1，生产上用来代表100%的产品合格率，如图3-1所示。

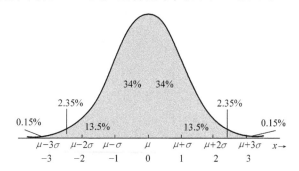

图 3-1 正态分布概率密度曲线及其规律

正态分布又称高斯分布，可以描述尺寸变差的分布情况，汽车质量管理五大工具之一的统计过程分析（SPC）主要基于质量控制的公差（包含尺寸公差、力矩公差、电阻公差等），都是在正态分布条件下计算参数。除了加工误差，正态分布也可以描述测量误差、打靶射击误差和年降雨量等，有着广泛的应用。

正态分布的一个重要规律是密度曲线包围的面积是以标准差 σ 为刻度的，如图3-1所示，2σ 的跨度代表大约68%的曲线下面积，4σ 的跨度代表大约95%的面积，6σ 代表大约99.73%的面积。因为 6σ 接近100%的曲线下面积，经常用来代表公差设计的跨度，所以精益生产和质量控制通常用 6σ 代表质量控制目标。

正态分布密度曲线只有一个峰值，中间对称。对于平均分布的数据只用均值即可描述，但是正态分布使用两个参数描述——均值和标准差，统计学上记为

$$\text{正态分布}: X \sim (\mu, \sigma^2)$$

$$\text{正态分布密度函数}: f(x) = \frac{1}{\sigma\sqrt{2\pi}} e^{-\frac{1}{2}\left(\frac{x-\mu}{\sigma}\right)^2}$$

式中，μ 代表分布的均值，σ 代表标准差。Excel内置了标准差计算公式 stdev（），有数据

就可以很快算出结果，降低了工程师应用时的难度，只要知道这两个参数的工程对应意义就可以启动公差分析的工作了。

如图3-2所示，μ只改变正态分布概率密度曲线的中心线的位置，在横轴x上平移，这个参数代表收集尺寸数据集合的平均值。如果μ发生变化，我们称这种现象为中值偏倚，是由于不同的供应商制造水平偏差、不同的生产班次操作偏差、测量者的偏差等造成的，任何生产都会产生中值偏倚，摩托罗拉公司曾经统计过长期的生产制造过程中的中值偏倚是1.5倍σ。中值偏倚是造成质量失控的一个重要原因，供应商的质量跟踪、生产设备的日常检查维护、操作和测量人员的经常培训是减少中值偏倚的控制方法。

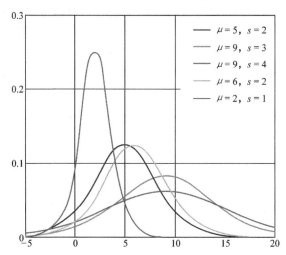

图3-2　μ只改变正态分布概率密度曲线的中心线的位置（见彩插）

如图3-3所示，标准差σ决定曲线的形状，也就是曲线下68%面积、95%面积和99.73%面积对应2σ、4σ和6σ在x轴上的跨度，跨度越小意味着尺寸公差的分布越集中、生产过程越稳定、精度越高。要注意σ同均值有一样的量纲，例如尺寸公差σ的单位是mm。这个参数决定了正态分布的重要规律，距对称轴μ一倍σ跨度代表34.1%的面积，这个量度是个恒定常数。正态分布在生产质量控制中有很大的用途，常用来计算产品合格率、分析设计质量水平和评估开发成本。

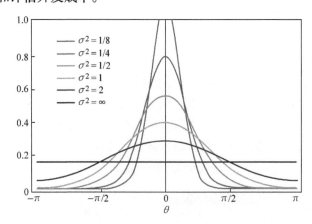

图3-3　标准差σ决定了曲线形状（见彩插）

第三章 公差叠加分析

案例分析：某轴精加工后的直径尺寸符合正态分布，且均值 $\mu = 14.80$ mm，标准差 $\sigma = 0.05$ mm，按照图样要求，合格的轴的直径尺寸范围是 (14.90 ± 0.10) mm，计算产品的合格率。

计算 σ 距中心的跨度距离：

$$z = \frac{\text{USL} - \mu}{\sigma} = \frac{14.90 - 14.80}{0.05} = 2$$

因此产品的合格率是横轴 2σ 包含的阴影区域面积，根据图3-1中的曲线对应面积，可以得到理论合格率是95.4%。

在设计中 z 值不一定是整数，通常都是通过查分位数 z 表来计算的。

表3-1是 z 值表，可以快速查询 z 值对应的曲线下面积百分比（合格率），表中的0.977250需要调整一下才是期望的合格率，因为这个值是代表横轴上2的右侧全部面积：

$$2 \times (0.977250 - 0.5) = 0.9545 = 95.45\%$$

表3-1 z 值表

X	0.00	0.01	0.02	0.03	0.04
0.0	0.500000	0.503989	0.507978	0.511966	0.515953
0.1	0.539828	0.543795	0.547758	0.551717	0.555670
0.2	0.579260	0.583166	0.587064	0.590954	0.594853
0.3	0.617911	0.621720	0.625516	0.629300	0.633072
0.4	0.655422	0.659097	0.662757	0.666402	0.670031
0.5	0.691462	0.694974	0.698468	0.701944	0.705401
0.6	0.725747	0.729069	0.732371	0.735653	0.738914
0.7	0.758036	0.761148	0.764238	0.767305	0.770350
0.8	0.788145	0.791030	0.793892	0.796731	0.799546
0.9	0.815940	0.818589	0.821214	0.823814	0.826391
1.0	0.841345	0.843752	0.846136	0.848495	0.850830
1.1	0.864334	0.866500	0.868643	0.870762	0.872857
1.2	0.884930	0.886861	0.888768	0.890651	0.892512
1.3	0.903200	0.904902	0.906582	0.908241	0.909877
1.4	0.919243	0.920730	0.922196	0.923641	0.925066
1.5	0.933193	0.934478	0.935745	0.936992	0.938220
1.6	0.945201	0.946301	0.947384	0.948449	0.949497
1.7	0.955435	0.956367	0.957284	0.958185	0.959070
1.8	0.964070	0.964852	0.965620	0.966375	0.967116
1.9	0.971283	0.971933	0.972571	0.973197	0.973810
2.0	0.977250	0.977784	0.978308	0.978822	0.979325
2.1	0.982136	0.982571	0.982997	0.983414	0.983823

计算机的好处是将工程师从繁重的计算工作中解放出来，专注于分析流程，目前统计学在日常应用中越来越多，相应的计算工具也很多，例如 Minitab、SPCC 等，微软公司的Excel

的统计计算功能也很强大。

将 RSS 算法和正态分布结合起来就可以解决公差叠加分析问题。RSS 结合正态分布规律的计算目的是要设计出满足 3σ 区域（接近100%合格率）的尺寸公差范围。

公差叠加案例分析：

电池模组的设计空间要紧凑才能有竞争性的能量密度，设计电池模组要保证足够的安装空间、散热空间和热膨胀的变化影响。如图3-4所示，圆柱电池模组每个电芯的直径为 $\phi 21 \pm 0.1$ mm，最高最低温度的尺寸变化率为1%，那么在水平方向这个模组的壳体内腔尺寸应为多少？

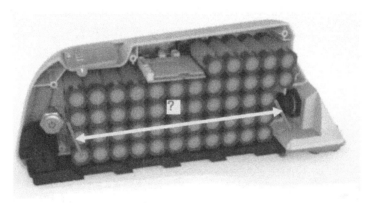

图 3-4 电池模组的壳体空间计算

1）最差条件分析法（Worst Case，WC）：水平方向有11个电芯。

腔体的基本尺寸：$\mu = 11 \times 21 = 231$ mm

WC 叠加公差：$T_总 = \sum_1^{11} T_i = 0.1 \times 11 = 1.1$ mm

0.1% 的热膨胀率：$T'_总 = (1+1\%) \times T_总 = 1.1 \times 1.01 = \pm 1.111$ mm

所以模组的水平关键位置宽度最小为：232.1011mm

但是以上分析是基于电芯的尺寸都处于上下偏差的极限情况，按照 3σ 的制造水平，发生的概率非常小，按照概率的乘法定理：

出现 WC 结果的概率为：$0.0027^{11} = 5.6 \times 10^{-29}$，概率几乎为0。

2）RSS 算法是基于 99.73% 首次合格率来计算的，更加合理。

3）水平方向有11个电芯。

腔体的基本尺寸：$\mu = 11 \times 21 = 231$ mm

RSS 叠加公差：$T_总 = \sqrt{\sum_1^{11} T_i^2} = \pm 0.33$ mm

0.1% 的热膨胀率：$T'_总 = (1+0.1\%) \times T_总 = 0.33 \times 1.01 = \pm 0.3333$ mm

所以模组的水平关键位置宽度最小为：231.3333mm

RSS 计算的结果更加紧凑。

第四章　汽车轻量化设计

汽车轻量化基于各国对于排放的严格要求，企业平均燃料经济性（Corporate Average Fuel Economy，CAFE）是美国汽车制造厂采用的平均油耗衡量系数，自1975年开始生效。

1）MY1978，CAFE 要求乘用车符合 18MPG（7.65km/L），如图 4-1 所示。
2）MY1985，CAFE 要求乘用车升至 27.5MPG（11.69km/L），轻型货车 19.5 MPG（8.29km/L）。
3）MY2011 至 MY2025，CAFE 要求将达到 54.5MPG（23.17km/L）。

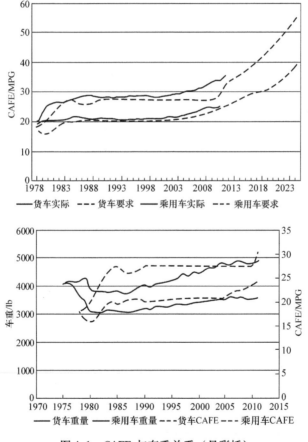

图 4-1　CAFE 与车重关系（见彩插）

车门轻量化一直是整车轻量化的重点项目，以下讨论车门轻量化的方法和技术趋势。如图 4-2 所示，车门总成中重量占比 80% 的 5 个零件是门外板、门内板、侧横梁、腰线加强板和铰链。

图 4-3 所示是车门最初设计重量 29kg 和车门部件的材料型号及厚度。

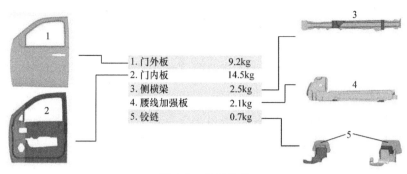

图 4-2 车门总成

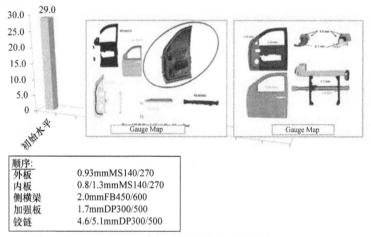

图 4-3 车门的最初设计重量统计

在保证车门的强度和功能要求下,选择钢、铝和复合材料的不同厚度方案进行设计,对比见表 4-1 ~ 表 4-3,钢材门的总重为 20.362kg,复合材料门的总重为 4.995kg,铝材门的总重为 8.636kg。

表 4-1 选择钢的厚度方案

零件	材料牌号	材料厚度/mm	重量/kg
车门外板	SAE1025	0.7	6.362
车门内板	SAE1010	0.8	10
侧横梁	SAE1030	2.5	2
铰链加强板	SAE1025	1.6	2
		总重	20.362

表 4-2 选择复合材料的厚度方案

零件	材料牌号	类型	增强纤维	纤维长度	纤维含量	材料厚度/mm	重量/kg	比铝减重/kg
车门外板	ESC-WCF-72	热塑性	碳纤维	纺织	72%	0.72	1.669	1.096
车门内板	PA6-RGF 104-47	热塑性	玻璃纤维	连续	47%	0.76	2.042	2.143
侧横梁	ESC-LGF-63	热塑性	玻璃纤维	长	63%	3.12	0.587	0.23
铰链加强板	ESC-LGF-53	热塑性	玻璃纤维	长	53%	2.46	0.697	0.172
						总重	4.995	3.641

表 4-3 选择铝的厚度方案

零件	材料牌号	材料厚度/mm	重量/kg	比钢减重/kg
车门外板	6061 - T4	0.92	2.765	3.597
车门内板	5052 - H32	1.01	4.185	5.815
侧横梁	6061 - T6	3.08	0.817	1.183
铰链加强板	6061 - T4	2.1	0.869	1.131
		总重	8.636	11.726

一、第一阶段减重设计方案

1) 侧横梁材料从 FB450/600 换成热成型钢 PHS1500,如图 4-4 所示。
2) 按照抗拉强度比例换算成厚度:

$$2.0 \times \sqrt{600/1500} = 1.25 \text{mm}$$

3) 重量从 2.47kg 减至 1.55kg。

图 4-4 侧横梁

腰线加强板减重方案:
1) 材料从 DP500 换成 DP980,如图 4-5 所示。
2) 按照抗拉强度比例换算成厚度:

$$2.1 \times \sqrt{500/980} = 1.5 \text{mm}$$

3) 重量从 2.14kg 减至 1.53kg。

图 4-5 腰线加强板

第一阶段减重效果如图 4-6 所示。

二、第二阶段减重设计方案

门外板的减重方案:
1) 材料从 CR4 换成 DP440BH。
① CR4 的屈服强度为 140MPa。

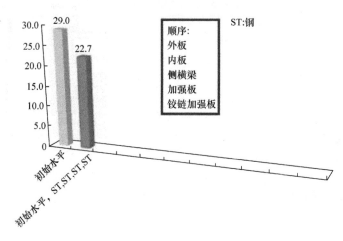

图 4-6 第一阶段减重效果

② DP440BH 的屈服强度为 280MPa，抗拉强度是 440MPa。

③ AHSS 通常只列出抗拉强度。

2）按照抗拉强度比例换算成厚度。

$$0.93 \times \sqrt{140/280} = 0.65 \mathrm{mm}$$

3）当前钢板门外板厚度在 0.6～0.7mm，这个结果符合当前设计潮流。

4）重量从 9.2kg 减至 6.4kg。

如图 4-7 所示，使用曲线激光拼焊新技术将厚薄不同的高强度钢拼焊在一起，这种方法将门总重量减至 20kg 以内，比传统的直线拼焊技术减少了 0.47kg。激光拼焊技术正在开发钢材和铝材的拼焊技术，不过这种技术还处于概念阶段。

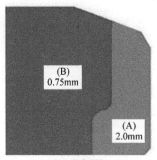 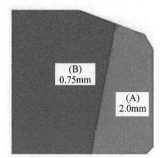

a) 曲线激光拼焊　　　　　　b) 标准直线激光拼焊

图 4-7 门外板、门内板的减重设计

第二阶段减重效果如图 4-8 所示。

三、第三阶段减重设计方案

钢材和铝材料混合材料方案：

1）门内外板使用铝材。

2）考虑到安全性，门横梁和腰线加强板仍然使用钢材。

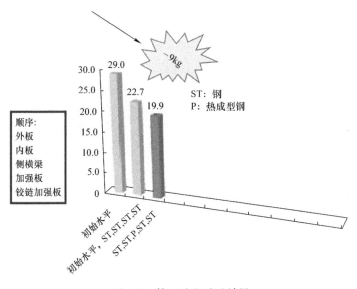

图 4-8 第二阶段减重效果

3）门内板为铝板和钢板的拼焊件，考虑到安装强度，门内板铰链处仍为钢板。

4）因为混料使用，需要采用材料间隔技术隔离，防止电化学腐蚀。

5）使用 6022 铝，重量从 29kg 减至 18.8kg。

第三阶段的主要技术解决方案是涂层技术的应用。连接处使用了先进的结构胶，起到了连接作用和绝缘作用，图 4-9 所示是使用机器人涂胶以保证涂胶质量并提高批量生产能力。

第三阶段减重效果如图 4-10 所示。

图 4-9 混合材料使用先进结构胶

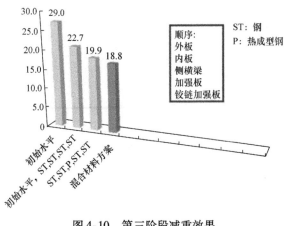

图 4-10 第三阶段减重效果

四、第四阶段减重设计方案

玻璃纤维增强内板方案：

1）玻璃纤维的比例和编织方向增强内板冲击刚性。
2）玻璃纤维内板可以电镀、耐高温烘烤。
3）重量从29kg降到17.7kg。

通过调整玻璃纤维的填充比例可以灵活地调整门内板的刚性，并且最新的玻纤复合材料可以耐受高温，可以实施电泳漆工艺。

第四阶段减重效果如图4-11所示。

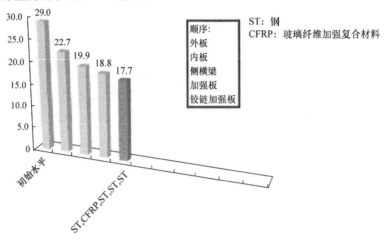

图4-11　第四阶段减重效果

五、第五阶段减重设计方案

铝型材门横梁方案：重量从29kg减至17.1kg。

门内板防撞横梁使用挤压型材的工艺首先在欧洲得到开发应用，重量进一步减轻。铝型材的应用越来越广泛，新能源汽车底盘应用铝型材的车型很多，铝型材在底盘的应用主要解决了焊接变形问题。

第五阶段减重效果如图4-12所示。

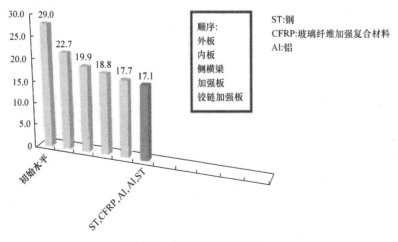

图4-12　第五阶段减重效果

六、第六阶段减重设计方案

玻璃纤维增强外板和腰线加强板方案：
1）玻璃纤维方向增强内板提高冲击刚性。
2）使用隔声胶提高外板抗凹坑性和防振颤。
3）玻璃纤维内板可以电镀、耐高温烘烤。
4）重量从 29kg 减至 16.5kg。

第六阶段减重效果如图 4-13 所示。

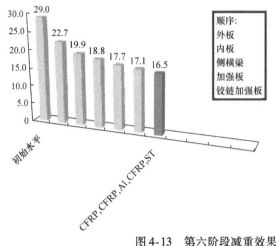

图 4-13 第六阶段减重效果

复合材料可以应用在汽车上不同的总成减重设计中。图 4-14 中是采用玻纤增强材料和其他热塑性塑料方案设计的尾门。丰田公司设计的复合材料尾门如图 4-15 所示。但是大量地减少钢和铝等金属材料的应用，会带来耐冲击性和振颤问题。这个问题可通过使用减振胶方案解决，如图 4-16 所示。

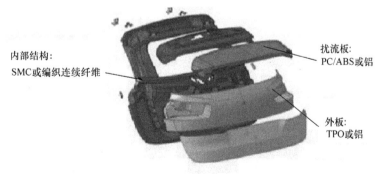

图 4-14 复合材料在尾门的应用

对于轻量化的继续深入，铝材料的门内板冲压成型工艺改进如下：
1）钢的应变可达 27%，铝的应变只有 20%。
2）现代的冲压工艺改进能精确地控制压力和时间。
3）结合使用黏结胶增强结构刚性。

4）精确地控制温度，铝的应变可达50%，可以进行更复杂的成型。

轻量化的混合材料组装的连接技术如下：

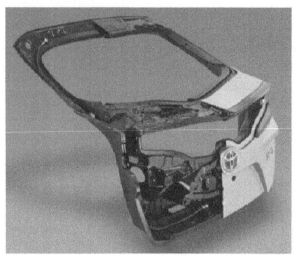

图4-15 丰田公司设计的复合材料尾门

图4-16 自动涂抹减振胶工艺

1）紧固件仍是主要的装配连接方法。
2）新的铆接紧固件具有绝缘处理性能，可以防止混合材料的电化学腐蚀问题出现。
3）对于新能源汽车，减重是不可或缺的技术应用。
4）因为喷漆车间有磷化和电泳工艺，不同的材料可以使用紧固件设计连接，然后在总装车间组装。
5）目前该工艺采用保护薄膜技术，不同材料的车身也能够同时经过喷漆车间。

应用于混合材料连接的新型紧固件如图4-17所示。

七、第七阶段减重设计方案

基于以上技术的发展，第七阶段的车门轻量化方案如下：

铝钢混合材料策略方案如下：
1）铝板冲压热成形技术。
2）结构胶粘接工艺。
3）有隔离作用的铆接技术。
4）薄膜防护涂装技术。
5）铰链保持为钢材零件。
6）门总成的总重从29kg减至15.8kg。

第七阶段减重效果如图4-18所示。

图4-17 应用于混合材料连接的新型紧固件

第四章 汽车轻量化设计

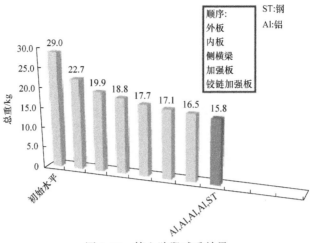

图 4-18 第七阶段减重效果

八、第八阶段减重设计方案

碳纤维增强复合材料（CFRP）由于超高的强度和极轻的重量在汽车上的应用越来越多，但 CFRP 的成本远高于钢和铝，所以一直没有得到广泛应用。无疑碳纤维必将是下一代汽车轻量化、燃油经济性和安全设计的首选材料，预计 2025 年会在主流车型的车身上广泛应用 CFRP。碳纤维材料的超高强度和刚性是因为碳纤维线被树脂材料粘合在一起形成的，因为纤维几乎是纯碳，所以密度只有 $1.6g/cm^3$。CFRP 的刚度比钢还要高，但密度只是钢（$7.8g/cm^3$）的 1/5，甚至要比镁（$1.8g/cm^3$）还要轻。采用碳纤维材料的保时捷 918 车身如图 4-19 所示。

宝马公司 2013 年引入了 i3 和 i8 电动汽车，这是 CFRP 应用的历史性突破，解

图 4-19 采用碳纤维材料的保时捷 918 车身

决了碳纤维的工艺瓶颈和成本问题。之后宝马公司重新设计了 2016 版 7 系 G12 平台，车身混合了碳纤维、铝和高强度钢，如图 4-20 所示。碳纤维成为车身刚性的主要作用部分，比如 B 柱和 C 柱加强板、车顶横梁、中央通道顶部、行李舱、门槛加强板、后侧围板、前风窗玻璃框架等关键区域。铝型材和高压铸造件应用在悬架和发动机安装点上，车身其他部分由铝冲压件组成。

生产工艺上，CFRP 需要大量的人工工时或成本高昂的自动化设备，并且树脂硬化需要 20~30h，这些约束了 CFRP 的广泛应用。宝马 7 系车身的 B 柱内板、A 柱、车顶纵梁 CFRP 应用如图 4-21 和图 4-22 所示。

图 4-20　宝马 7 系白车身使用了 CFRP、铝、HSS 和 AHSS 钢

图 4-21　宝马 7 系车身的 B 柱内板 CFRP 应用

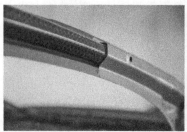

图 4-22　宝马 7 系车身的 A 柱、车顶纵梁 CFRP 应用

目前，碳纤维制成的零件主要是通过机械方式紧固到车架上，例如特斯拉和宝马 i3 和 i8 系列将碳纤维零件粘结到车架上。通常粘结材料是环氧树脂，因为环氧树脂固化后非常坚硬。宝马 7 系后侧围内板加强板和车顶横梁加强板如图 4-23 所示。宝马 i3 的轻量化车身结构如图 4-24 所示。

图 4-23 宝马 7 系后侧围内板加强板和车顶横梁加强板

基于碳纤维在当前阶段的技术可行性，进行第八阶段车门减重设计。

CFRP 减重策略方案如下：

1）历史上只应用在极小批量的生产和高端车型，例如赛车的一体式车身设计。

2）当前碳纤维可应用在批量生产，但仍然只是满足小批量、高端车上应用。

3）美国陶氏化学（Dow Automotive）、弗吉亚（Faurecia）、和森化工（Hexion）等是汽车应用碳纤维材料的主要供应公司。

4）目前 SMC 工艺实现单件 2min 的生产节拍。

图 4-24 宝马 i3 的轻量化车身结构

5）车门外板进行碳纤维材料替代，车门总重从 29kg 减至 14.5kg。

第八阶段减重效果如图 4-25 所示。

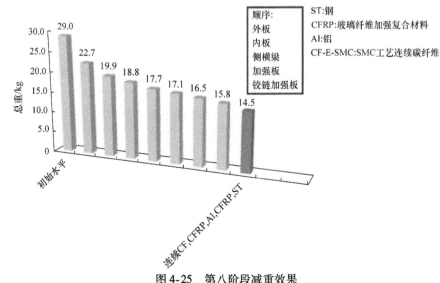

图 4-25 第八阶段减重效果

碳纤维外板、玻璃纤维内板车门如图4-26所示。

图4-26　碳纤维外板、玻璃纤维内板车门

九、第九阶段减重设计方案

CFRP工艺如下：

1）车身减重后，可以让电池组的重量增加。

2）可以降低消耗，使电动汽车续驶里程增加。

3）短纤维SMC成型的门内板和车门腰线加强板将车门总重从29kg减至12.2kg。

第九阶段减重效果如图4-27所示。

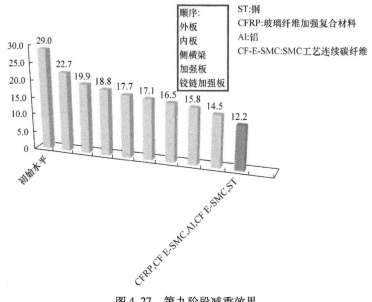

图4-27　第九阶段减重效果

十、第十阶段减重设计方案

CFRP工艺如下：

1）碳纤维增强材料同钢材的"三明治"结构技术使重量减少得更多。

2）大批量生产的宝马i3车型和i7系列车型的A柱和风窗玻璃周围框架内，以及加强板使用了碳纤维增强材料。

3）宝马i3和i7的技术主要是在量产上的突破，i7实现年产8万台，工装合同产能达到 10 万台。

4）新的方案使用玻璃纤维门外板、CFRP 门内板、铝型材门横梁和 CFRP 门腰线加强板，铰链仍保持为钢材原设计，车门总重为 11.7kg。

第十阶段减重效果如图 4-28 所示。

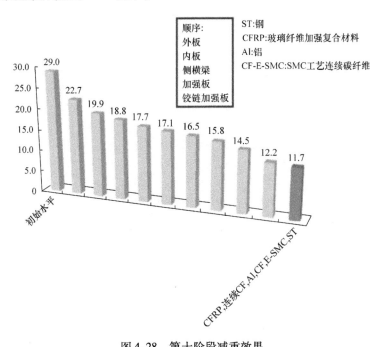

图 4-28　第十阶段减重效果

综合十个减重阶段的效果如图 4-29 所示。

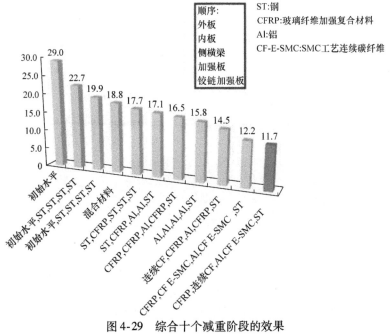

图 4-29　综合十个减重阶段的效果

以上材料和新技术的应用基础是年产10万台车的技术成熟水平。综合以上研究，汽车轻量化的主要技术主要得益于新材料、涂层和连接技术的发展，还有其他带来轻量化设计的高新技术。例如注射结构胶工艺，它是将结构胶注入CFRP和A柱的夹层中间，可以固定插入的CFRP的位置、增强结构强度，也可以起到降噪作用，如图4-30所示。这种工艺可以应用到车身或内外饰零件上，增强了钢材、铝材和碳纤维的结构强度，增强了车身的刚性和耐久性，可以使用强度较低的金属，并且可以减少车身焊点。

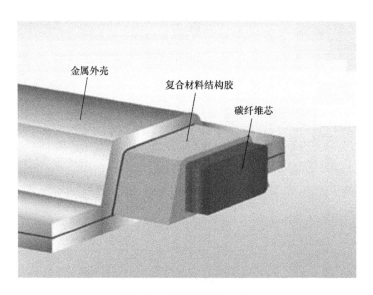

图4-30 注射结构胶工艺

如图4-31所示，结构泡沫塑料的应用可以节省碳纤维的使用，提高车身的结构强度，减轻重量，而且降噪效果非常好。

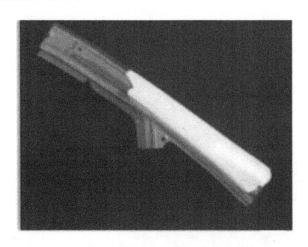

图4-31 结构泡沫塑料的应用

这些案例的技术可以推广应用，例如车门内饰板模块的注射玻璃钢纤维的应用以及聚丙酸酯材料替代玻璃的应用（航空业已经广泛使用），目前在汽车尤其是货车行业推广，也是未来材料技术发展的趋势。

杜邦公司开发的概念性技术是将门内板和门内饰板整合成一个零件的复合材料生产整合技术，增加了门截面的深度或横截面的面积，提供了更好的刚性。这项技术也可以整合零件、减轻重量并减少模具套数。

对于金属材料，美国铝业公司 Alcoa 的 Micromill 技术对于铝的循环和生产形成闭环系统，OEM（Original Equipment Manufacturer，原始设备制造商）能够生产更低成本、更高强度、成形更好的铝材料结构零件，高强度 7000 系列铝材料的热成形冲压技术突破，实现更多厚度的铝成形制造，这对未来的车身来说也是一个应用趋势。

参 考 文 献

1. 王廷强. GD&T 基础及应用 [M]. 3 版. 北京：机械工业出版社，2020.
2. 夏忠定. GD&T 几何公差入门与提高 [M]. 北京：电子工业出版社，2019.